OD TEME DO VLASTI: 40 dni do osvoboditve iz skritega prijema teme

Globalna pobožnost ozaveščenosti, osvoboditve in moči

Za posameznike, družine in narode, pripravljene na svobodo

Od

Zacharias Godseagle ; veleposlanik Monday O. Ogbe in Comfort Ladi Ogbe

Zacharias Godseagle; Ambassador Monday O. Ogbe and Comfort Ladi Ogbe

Kazalo

O knjigi – OD TEME DO VLASTI 1
Besedilo na zadnji platnici 3
Medijska promocija z enim odstavkom (tisk/e-pošta/oglas) 4
Predanost 6
Zahvale 7
Bralcu 8
Kako uporabljati to knjigo 10
Predgovor 13
Predgovor 15
Uvod 16
POGLAVJE 1: IZVOR TEMNEGA KRALJESTVA 19
2. POGLAVJE: KAKO TEMNO KRALJESTVO DELUJE DANES. 22
POGLAVJE 3: VSTOPNE TOČKE – KAKO SE LJUDJE ZAVEZAJO 25
4. POGLAVJE: MANIFESTACIJE – OD POSESTI DO OBSESIJE. 27
5. POGLAVJE: MOČ BESEDE – AVTORITETA VERNIKOV 29
1. DAN: KRVNE LINIJE IN VRATA – PREKINITEV DRUŽINSKIH VERIG 32
2. DAN: VDOR SANJ – KO NOČ POSTANE BOJIŠČE 35
3. DAN: DUHOVNI ZAKONCI – NESVETE ZVEZE, KI POVEZUJEJO USODE 38
4. DAN: PREKLETJENI PREDMETI – VRATA, KI OSKRANJUJEJO 41
5. DAN: OČARANA IN PREVARANA – OSVOBOĐENJE OD DUHA VEDEVANJA 44
6. DAN: VRATA OČESA – ZAPIRANJE VRAT TEME 47
7. DAN: MOČ, KI SE SKRIVA ZA IMENI – ODPOVED NESVETIM IDENTITETAM 50
8. DAN: RAZKRITJE LAŽNE LUČI – PASTI NEW AGE IN ANGELSKE PREVARE 53
9. DAN: KRVAVI OLTAR – ZAVEZE, KI ZAHTEVAJO ŽIVLJENJE 56

10. DAN: NEPLODNOST IN ZLOMLJENOST – KO MATERNICA POSTANE BOJIŠČE 59
11. DAN: AVTOIMUNSKE MOTNJE IN KRONIČNA UTRUJENOST – NEVIDNA VOJNA V NAS 62
12. DAN: EPILEPSIJA IN DUŠEVNE MUKE – KO UM POSTANE BOJIŠČE 65
13. DAN: DUH STRAHU – PREBITJE KLETKE NEVIDNEGA MUČENJA 68
14. DAN: SATANSKI OZNAKI – IZBRISANJE NESVETEGA ŽIGA 71
15. DAN: KRALJESTVO OGLEDAL – POBEG IZ ZAPORA ODSEVOV 74
16. DAN: PREKINITEV VEZI BESEDNIH PREKLETSTEV – PONOVNO PRIDOBITE SVOJE IME, SVOJO PRIHODNOST 77
17. DAN: OSVOBODITEV IZPODNJE NADZORA IN MANIPULACIJE 81
18. DAN: ZLOMITEV MOČI NEODPUŠČANJA IN GRENKOSTI 84
19. DAN: OZDRAVLJENJE OD SRAMOTE IN OBSODBE 87
20. DAN: DOMAČE ČAROVNIŠTVO – KO TEMA ŽIVI POD ISTO STREHO 90
21. DAN: JEZABELIN DUH – ZAPELJIVANJE, NADZOR IN VERSKA MANIPULACIJA 93
22. DAN: PITONI IN MOLITVE – ZLOMITEV DUHA OMEJITVE 97
23. DAN: PRESTOLI KRIVIČNOSTI – RUŠENJE TERITORIALNIH TRDNJAV 100
24. DAN: DROBČKI DUŠE – KO MANJKAJO DELI TVOJEGA ČLOVEKA 103
25. DAN: PREKLETSTVO ČUDNIH OTROK – KO SE USODI IZMENJATA OB ROJSTVU 106
26. DAN: SKRITJI OLTARJI MOČI – OSVOBOĐENJE OD ELITNIH OKULTNIH ZAVEZ 109
27. DAN: NESVETE ZAVEZE – PROSTOZIDARSTVO, ILUMINATI IN DUHOVNA INFILTRACIJA 112

28. DAN: KABALA, ENERGETSKE MREŽE IN ČAR MISTIČNE "SVETLOBE"..................115

29. DAN: TANČICA ILUMINATOV – RAZKRITJE ELITNIH OKULTNIH OMREŽIJ..................118

30. DAN: MISTERIJEVNE ŠOLE — STARODAVNE SKRIVNOSTI, SODOBNO SUPNIŠTVO..................121

31. DAN: KABALA, SVETA GEOMETRIJA IN ELITNA SVETLOBNA PREVARA..................125

3. DAN 2: KAČJI DUH V NAS – KO JE OSLOBODITEV PREPOZNA..................129

33. DAN: KAČJI DUH V NAS – KO JE OSLOBODITEV PREPOZNA..................133

34. DAN: PROZIDARJI, KODEKS IN PREKLETSTVA — Ko bratstvo postane suženjstvo..................137

35. DAN: ČAROVNICE V ČEROVNIŠKIH KLOPAH – KO ZLO VSTOPI SKOZI CERKVENA VRATA..................141

36. DAN: KODIRANE ČAROVNINE – KO PESMI, MODA IN FILMI POSTANEJO PORTALI..................145

37. DAN: NEVIDNI OLTARJI MOČI — PROSTOZIDARJI, KABALA IN OKULTNE ELITE..................149

38. DAN: ZAVEZE V MATERINI IN VODNA KRALJESTVA – KO JE USODA OSKRANJENA PRED ROJSTVOM..................153

39. DAN: VODNI KRŠČ V SUPNIŠTVO – KAKO DOJENČKI, INICIALKE IN NEVIDNE ZAVEZE ODPIRAJO VRATA..................157

40. DAN: OD DOSTAVLJENEGA DO DOSTAVLJALCA – TVOJA BOLEČINA JE TVOJA POSVEČITEV..................161

360° DNEVNA RAZGOVORITEV O OSVOBODITVI IN GOSPODARSTVU – 1. del..................164

360° DNEVNA RAZGOVORITEV O OSVOBODITVI IN GOSPODARSTVU – 2. del..................166

360° DNEVNA RAZGOVORITEV O OSVOBODITVI IN GOSPODARSTVU - 3. del..................170

ZAKLJUČEK: OD PREŽIVETJA DO SINOVSTVA – OSTATI SVOBODN, ŽIVETI SVOBODNO, OSVOBODITI DRUGE..................174

Kako se ponovno roditi in začeti novo življenje s Kristusom..................177

Moj trenutek odrešenja 179
Potrdilo o novem življenju v Kristusu 180
POVEŽITE SE Z BOŽJIMI SLUŽBAMI EAGLE 181
PRIPOROČENE KNJIGE IN VIRI 183
DODATEK 1: Molitev za prepoznavanje skritega čarovništva, okultnih praks ali nenavadnih oltarjev v cerkvi 197
DODATEK 2: Protokol o odpovedi in čiščenju medijev 198
DODATEK 3: Prostozidarstvo, Kabala, Kundalini, Čarovništvo, Skript okultne odpovedi 199
DODATEK 4: Vodnik za aktivacijo mazilnega olja 200
DODATEK 6: Video viri s pričevanji za duhovno rast 201
ZADNJE OPOZORILO: S tem se ne moreš igrati 202

Stran z avtorskimi pravicami

OD TEME DO VLASTI: 40 dni za osvoboditev iz skritega prijema teme – globalna molitev o zavedanju, osvoboditvi in moči,

avtor Zacharias Godseagle , Comfort Ladi Ogbe in veleposlanik Monday O. Ogbe

Avtorske pravice © 2025 **Zacharias Godseagle in God's Eagle Ministries – GEM**

Vse pravice pridržane.

Nobenega dela te publikacije ni dovoljeno reproducirati, shranjevati v sistemu za iskanje ali prenašati v kakršni koli obliki ali na kakršen koli način – elektronsko, mehansko, s fotokopiranjem, snemanjem, skeniranjem ali kako drugače – brez predhodnega pisnega dovoljenja založnikov, razen v primeru kratkih citatov, vključenih v kritične članke ali recenzije.

Ta knjiga je delo neleposlovja in duhovne fikcije. Nekatera imena in identifikacijski podatki so bili zaradi zasebnosti po potrebi spremenjeni.

Citati iz Svetega pisma so vzeti iz:

- *Prevod New Living (NLT)* , © 1996, 2004, 2015 fundacije Tyndale House. Uporablja se z dovoljenjem. Vse pravice pridržane.

Oblikovanje naslovnice: GEM TEAM
Notranja ureditev: GEM TEAM
Izdajatelj:
Zacharias Godseagle in God's Eagle Ministries – GEM
www.otakada.org [1] | ambassador@otakada.org
Prva izdaja, 2025
Natisnjeno v Združenih državah Amerike

---

1. http://www.otakada.org

O knjigi – OD TEME DO VLASTI

OD TEME DO VLASTI: 40 dni za osvoboditev iz skritega prijema teme - *Globalna molitev o zavedanju, osvoboditvi in moči - za posameznike, družine in narode, pripravljene na svobodo* ni le pobožnost – gre za 40-dnevno globalno srečanje osvoboditve za **predsednike, predsednike vlad, pastorje, cerkvene delavce, direktorje, starše, najstnike in vse vernike**, ki nočejo živeti v tihem porazu.

Ta močna 40-dnevna pobožnost obravnava *duhovno bojevanje, osvoboditev izpod oltarjev prednikov, prekinitev duhovnih vezi, razkritje okultizma in globalna pričevanja bivših čarovnic, nekdanjih satanistov* in tistih, ki so premagali moči teme.

vodite državo, ste **pastor cerkve**, **vodite podjetje** ali **se borite za svojo družino v molitveni omarici**, bo ta knjiga razkrila, kar je bilo skrito, se soočila s tem, kar je bilo prezrto, in vam dala moč, da se osvobodite.

40-dnevna globalna molitev o zavedanju, osvoboditvi in moči
Na teh straneh se boste soočili z:

- Prekletstva krvnih linij in zaveze prednikov
- Duhovni zakonci, morski duhovi in astralna manipulacija
- Prostozidarstvo, kabala, prebujenje kundalini in čarovniški oltarji
- Posvetitve otrok, predporodne iniciacije in demonski nosači
- Infiltracija medijev, spolne travme in razdrobljenost duše
- Tajna društva, demonska umetna inteligenca in lažna gibanja za preporod

Vsak dan vključuje:
- Resnično zgodbo ali globalni vzorec
- Vpogled na podlagi Svetega pisma
- Skupinsko in osebno uporabo

- Molitev za odrešitev + dnevnik premisleka
Ta knjiga je za vas, če ste:

- Predsednik **ali oblikovalec politik,** ki išče duhovno jasnost in zaščito za svoj narod
- Pastor , **priprošnjik ali cerkveni delavec,** ki se bori proti nevidnim silam, ki se upirajo rasti in čistosti
- Izvršni **direktor ali poslovni vodja** se sooča z nerazložljivim bojem in sabotažo
- Najstnik **ali študent,** ki ga mučijo sanje, muke ali nenavadni dogodki
- Starš **ali skrbnik,** ki opazi duhovne vzorce v vaši krvni liniji
- Krščanski **voditelj,** naveličan neskončnih molitvenih ciklov brez preboja
- Ali preprosto **vernik, pripravljen preiti od preživetja do zmagovite vladavine**

Zakaj ta knjiga?
Ker v času, ko tema nosi masko svetlobe, **odrešitev ni več neobvezna** .
In **moč pripada obveščenim, opremljenim in predanim** .
Napisali Zacharias Godseagle , veleposlanik **Monday O. Ogbe in Comfort Ladi Ogbe** , to ni le poučevanje – to je **globalni poziv k prebujanju** Cerkve, družine in narodov, naj se dvignejo in se borijo – ne v strahu, temveč v **modrosti in avtoriteti** .

Ne moreš učiti tistega, česar nisi izpolnil. In ne moreš hoditi v oblasti, dokler se ne osvobodiš iz primeža teme.

Prekini cikle. Sooči se s skritim. Vzemi si nazaj svojo usodo – dan za dnem.

Besedilo na zadnji platnici

OD TEME DO VLASTI
       40 dni do osvoboditve iz skritega prijema teme
Globalna pobožnost ozaveščenosti, osvoboditve in moči
   Ste **predsednik**, **pastor**, **starš** ali **vernik v molitvi** – obupano si želite trajne svobode in preboja?
   To ni le pobožnost. Gre za 40-dnevno globalno potovanje skozi nevidna bojišča **zavez prednikov, okultnega suženjstva, morskih duhov, razdrobljenosti duš, infiltracije medijev in še več**. Vsak dan razkriva resnična pričevanja, globalne manifestacije in uporabne strategije osvoboditve.
   Odkrili boste:

- Kako se odpirajo duhovna vrata – in kako jih zapreti
- Skrite korenine ponavljajočega se odlašanja, mučenja in suženjstva
- Močne dnevne molitve, premišljevanja in skupinske aplikacije
- Kako vstopiti v **oblast**, ne le do osvoboditve

   Od **čarovniških oltarjev** v Afriki do **prevar nove dobe** v Severni Ameriki ... od **tajnih društev** v Evropi do **krvnih zavez** v Latinski Ameriki – **ta knjiga razkriva vse**.
   OD TEMNEGA DOMAČINSTVA je vaš zemljevid do svobode, napisan za **pastorje, voditelje, družine, najstnike, strokovnjake, direktorje** in vse, ki so utrujeni od kolesarjenja skozi vojne brez zmage.
   "Ne moreš učiti tistega, česar nisi izpolnil. In ne moreš hoditi v oblasti, dokler se ne osvobodiš iz primeža teme."

Medijska promocija z enim odstavkom (tisk/e-pošta/oglas)

OD TEME DO VLASTI: 40 dni do osvoboditve iz skritega prijema teme je globalna pobožnost, ki razkriva, kako sovražnik vdira v življenja, družine in narode prek oltarjev, krvnih linij, tajnih društev, okultnih ritualov in vsakodnevnih kompromisov. Z zgodbami z vseh celin in preizkušenimi strategijami osvoboditve je ta knjiga namenjena predsednikom in pastorjem, direktorjem in najstnikom, gospodinjam in duhovnim bojevnikom – vsem, ki si obupano želijo trajne svobode. Ni namenjena le branju – namenjena je prekinjanju verig.

Predlagane oznake

- odrešitvena pobožnost
- duhovni boj
- pričevanja bivših okultistov
- molitev in post
- prekinitev generacijskih prekletstev
- svoboda iz teme
- Krščanska duhovna avtoriteta
- morski duhovi
- prevara kundalini
- razkrite tajne družbe
- 40-dnevna odprava

Ključne besede za kampanje
#TemaIzPrevlada
#OsvoboditevMolitev
#PrelomVerige

#SvobodaSkoziKristusa
#GlobalnoPrebujenje
#SkriteBitkeRazkrite
#MoliZaPrebojOsvoboditve
#KnjigaODuhovnemVojanju
#IzTemeDoSvetlobe
#KraljestvenaOblast
#NiVečSuvezništva
#PričevanjaIzganjalcevOkulta
#OpozoriloKundalini
#MarineSpiritsRazkrito
#40DniSvobode

Predanost

Tistemu, ki nas je poklical iz teme v svojo čudovito luč – **Jezusu Kristusu**, našemu Odrešeniku, Nosilcu luči in Kralju slave.

Vsaki duši, ki v tišini kliče – ujeta v nevidnih verigah, preganjana od sanj, mučena od glasov in se bori s temo na mestih, kjer nihče ne vidi – je to potovanje za vas.

Pastorjem, **priprošnjikom** in **čuvajem na zidu**,

materam, ki molijo vso noč, in **očetom**, ki se nočejo vdati,

mlademu **fantu**, ki preveč vidi, in **deklici**, ki jo je zlo prezgodaj zaznamovalo,

generalnim **direktorjem**, **predsednikom** in **odločevalcem**, ki nosijo nevidne uteži za javno oblastjo,

cerkvenemu **delavcu**, ki se bori s skrivnim suženjstvom, in **duhovnemu bojevniku**, ki si upa boriti se –

to je vaš klic, da vstanete.

In pogumnim, ki so delili svoje zgodbe – hvala. Vaše brazgotine zdaj osvobajajo druge.

Naj ta pobožnost osvetli pot skozi sence in mnoge popelje do prevlade, ozdravitve in svetega ognja.

Nisi pozabljen. Nisi nemočen. Rodil si se za svobodo.

— *Zacharias Godseagle, veleposlanik Monday O. Ogbe & Comfort Ladi Ogbe*

Zahvale

Najprej in predvsem priznavamo **Vsemogočnega Boga – Očeta, Sina in Svetega Duha**, Avtorja luči in resnice, ki nam je odprl oči za nevidne bitke za zaprtimi vrati, tančicami, prižnicami in odri. Jezusu Kristusu, našemu Odrešeniku in Kralju, dajemo vso slavo.

Pogumnim moškim in ženskam z vsega sveta, ki ste delili svoje zgodbe o mukah, zmagah in preobrazbi – vaš pogum je sprožil globalni val svobode. Hvala, ker ste prekinili tišino.

Službenikom in stražarjem na obzidju, ki so delali na skritih mestih – učili, posredovali, osvobajali in razločevali – izrekamo spoštovanje za vašo vztrajnost. Vaša poslušnost še naprej ruši trdnjave in razkriva prevare na visokih položajih.

Našim družinam, molitvenim partnerjem in podpornim ekipam, ki so stali z nami, medtem ko smo kopali skozi duhovne ruševine, da bi odkrili resnico – hvala za vašo neomajno vero in potrpežljivost.

Raziskovalcem, pričevanji na YouTubu, žvižgačem in bojevnikom kraljestva, ki prek svojih platform razkrivajo temo – vaša drznost je to delo nahranila z vpogledom, razodetjem in nujnostjo.

Kristusovemu telesu : ta knjiga je tudi vaša. Naj v vas prebudi sveto odločenost, da boste budni, razločevalni in neustrašni. Ne pišemo kot strokovnjaki, ampak kot priče. Ne stojimo kot sodniki, ampak kot odrešeni.

In končno, bralcem **te molitve** – iskalcem, bojevnikom, pastorjem, osvobodilnim služabnikom, preživelim in ljubiteljem resnice iz vseh narodov – naj vas vsaka stran opolnomoči, da se premaknete **iz tema do prevlade** .

— **Zacharias Godseagle**
— **Veleposlanik Monday O. Ogbe**
— **Comfort Ladi Ogbe**

Bralcu

To ni samo knjiga. To je klic.
Poziv k odkrivanju tistega, kar je bilo dolgo skrito – k soočanju z nevidnimi silami, ki oblikujejo generacije, sisteme in duše. Ne glede na to, ali ste **mladi iskalec**, **pastor, izčrpan od bitk, ki jih ne morete poimenovati**, **poslovnež, ki se bori z nočnimi grozotami**, ali **voditelj države, ki se sooča z neizprosno nacionalno temo**, je ta pobožnost vaš **vodnik iz senc**.

Posamezniku : Nisi nor. Kar čutiš – v sanjah, svojem ozračju, svoji krvni liniji – je lahko resnično duhovno. Bog ni le zdravilec; je osvoboditelj .

Družini : To 40-dnevno potovanje vam bo pomagalo prepoznati vzorce, ki že dolgo mučili vašo krvno linijo – odvisnosti, prezgodnje smrti, ločitve, neplodnost, duševne muke , nenadna revščina – in vam zagotovilo orodja za njihovo odpravo.

Cerkvenim **voditeljem in pastorjem** : Naj to prebudi globljo razločevalnost in pogum, da se z duhovnim svetom soočimo s prižnice, ne le z odra. Odrešitev ni neobvezna. Je del velikega poslanstva.

Za **generalne direktorje, podjetnike in strokovnjake** : Duhovne zaveze delujejo tudi v sejnih sobah. Posvetite svoje podjetje Bogu. Porušite oltarje prednikov, prikrite kot poslovna sreča, krvne zaveze ali prostozidarska naklonjenost. Gradite s čistimi rokami.

Stražarjem **in priprošnjikom** : Vaša budnost ni bila zaman. Ta vir je orožje v vaših rokah – za vaše mesto, vašo regijo, vaš narod.

Predsednikom **in predsednikom vlad** , če to kdaj pride na vašo mizo: Narodov ne vodijo le politike. Vladajo jim oltarji – postavljeni na skrivaj ali javno. Dokler se ne bodo obravnavali skriti temelji, bo mir ostal nedosegljiv. Naj vas ta pobožnost spodbudi k generacijski reformi.

Mladeniču **ali mladenki,** ki to bere v trenutku obupa: Bog te vidi. Izbral te je. In te vleče ven – za vedno.

To je tvoje potovanje. Dan za dnem. Veriga za verigo.
Od teme do prevlade – čas je tvoj.

Kako uporabljati to knjigo

OD TEME DO VLASTI: 40 dni do osvoboditve iz skritega prijema teme je več kot le molitvenik – je priročnik za osvoboditev, duhovna razstrupljevalna vaja in bojni tabor. Ne glede na to, ali berete sami, s skupino, v cerkvi ali kot vodja, ki vodi druge, je tukaj opisano, kako kar najbolje izkoristiti to močno 40-dnevno potovanje:

Dnevni ritem

Vsak dan sledi dosledni strukturi, ki vam pomaga vključiti duha, dušo in telo:

- **Glavni pobožni nauk** – Razodevajoča tema, ki razkriva skrito temo.
- **Globalni kontekst** – Kako se ta trdnjava kaže po vsem svetu.
- **Zgodbe iz resničnega življenja** – Resnična srečanja z odrešitvijo iz različnih kultur.
- **Akcijski načrt** – osebne duhovne vaje, odpovedi ali izjave.
- **Uporaba v skupini** – Za uporabo v majhnih skupinah, družinah, cerkvah ali ekipah za osvoboditev.
- **Ključni vpogled** – prečiščena ugotovitev, ki si jo je treba zapomniti in za katero se je treba moliti.
- **Dnevnik refleksije** – Vprašanja za srce, da bi poglobljeno predelali vsako resnico.
- **Molitev za osvoboditev** – Ciljno usmerjena molitev duhovnega bojevanja za razbijanje trdnjav.

Kaj boste potrebovali

- Vaša **Biblija**
- dnevnik **ali zvezek**

- **Mazilno olje** (neobvezno, vendar močno med molitvami)
- Pripravljenost za **post in molitev**, kot nas vodi Duh
- **Partner za odgovornost ali molitvena ekipa** za globlje primere

Kako uporabljati s skupinami ali cerkvami

- Srečajte se **vsak dan ali tedensko,** da razpravljate o spoznanjih in skupaj vodite molitve.
- pred skupinskimi srečanji izpolnijo **Dnevnik refleksije** .
- Uporabite razdelek **za skupinsko prijavo** , da spodbudite razpravo, spoved ali trenutke skupne osvoboditve.
- Za obvladovanje intenzivnejših manifestacij določite usposobljene vodje.

Za pastorje, voditelje in osvoboditvene ministre

- Dnevne teme učite s prižnice ali v šolah za osvoboditev.
- Opremite svojo ekipo, da bo to duhovno gradivo uporabljala kot vodnik za svetovanje.
- Prilagodite razdelke po potrebi za duhovno kartiranje, srečanja za prebujenje ali mestne molitvene akcije.

Dodatki za raziskovanje

Na koncu knjige boste našli učinkovite dodatne vire, vključno z:

1. **Dnevna izjava o popolni osvoboditvi** – Izgovorite to na glas vsako jutro in večer.
2. **Vodnik za odpoved medijem** – Razstrupite svoje življenje duhovne kontaminacije v zabavi.
3. **Molitev za razločevanje skritih oltarjev v cerkvah** – Za priprošnjike in cerkvene delavce.
4. **Prostozidarstvo, Kabala, Kundalini in okultni scenarij odpovedi** – Močne molitve kesanja.
5. **Kontrolni seznam za množično osvoboditev** – Uporabite ga v križarskih vojnah, hišnih občestvih ali osebnih duhovnih umikih.

6. Povezave do videoposnetkov s pričanji

Predgovor

Nad dušami moških, žensk, otrok, družin, skupnosti in narodov divja vojna – nevidna, neizrečena, a silno resnična.

Ta knjiga se ni rodila iz teorije, temveč iz ognja. Iz jokajočih sob odrešenja. Iz pričevanj, ki so jih šepetali v sencah in kričali s streh. Iz poglobljenega preučevanja, globalne priprošnje in svetega razočaranja nad površinskim krščanstvom, ki se ne spopada s **koreninami teme,** ki še vedno zapletajo vernike.

Preveč ljudi je prišlo na križ, a še vedno vleče verige. Preveč pastorjev oznanja svobodo, medtem ko jih na skrivaj mučijo demoni poželenja, strahu ali zavez prednikov. Preveč družin je ujetih v ciklih – revščine, perverznosti, odvisnosti, neplodnosti, sramu – in **ne vedo, zakaj** . In preveč cerkva se izogiba govorjenju o demonih, čarovništvu, krvavih oltarjih ali odrešitvi, ker je to »preveč intenzivno«.

Toda Jezus se ni izogibal temi – **soočil se je z njo** .

Ni ignoriral demonov – **izganjal jih je** .

In ni umrl samo zato, da bi ti odpustil – umrl je, da bi **te osvobodil** .

Ta 40-dnevna globalna pobožnost ni le ležerna študija Svetega pisma. Je **duhovna operacijska soba** . Dnevnik svobode. Zemljevid iz pekla za tiste, ki se počutijo ujeti med odrešenjem in resnično svobodo. Ne glede na to, ali ste najstnik, ki ga ujema pornografija, prva dama, ki jo mučijo sanje o kačah, predsednik vlade, ki ga muči krivda prednikov, prerok, ki skriva skrivno vezanost, ali otrok, ki se prebuja iz demonskih sanj – to potovanje je za vas.

Našli boste zgodbe z vsega sveta – Afrike, Azije, Evrope, Severne in Južne Amerike – ki vse potrjujejo eno resnico: **hudič ne gleda na osebo** . A tudi Bog ne. In kar je storil za druge, lahko stori tudi za vas.

Ta knjiga je napisana za:

- **Posamezniki,** ki iščejo osebno osvoboditev
- **Družine,** ki potrebujejo generacijsko zdravljenje
- **Pastorji** in cerkveni delavci, ki potrebujejo opremo
- **Poslovni voditelji,** ki se borijo v duhovnem boju na visokih položajih
- **Narodi** kličejo po resničnem preporodu
- **Mladi** , ki so nevede odprli vrata
- **Ministri za osvoboditev** , ki potrebujejo strukturo in strategijo
- In celo **tisti, ki ne verjamejo v demone** – dokler na teh straneh ne preberejo svoje lastne zgodbe

Raztegnjeni boste. Soočeni boste z izzivi. Če pa ostanete na poti, se boste tudi **preobrazili** .

Ne boš se samo osvobodil.

Hodil boš **v oblasti** .

Začnimo.

— *Zacharias Godseagle* , *veleposlanik Monday O. Ogbe in Comfort Ladi Ogbe*

Predgovor

V narodih se dogaja pretres. V duhovnem svetu se dogaja tresenje. Od prižnic do parlamentov, od dnevnih sob do podzemnih cerkva se ljudje povsod prebujajo v srhljivo resnico: podcenili smo doseg sovražnika – in narobe razumeli avtoriteto, ki jo nosimo v Kristusu.

Iz teme v prevlado ni le pobožnost; je jasen klic. Preroški priročnik. Rešilna bilka za mučene, zvezane in iskrene vernike, ki se sprašujejo: "Zakaj sem še vedno v verigah?"

Kot nekdo, ki je bil priča preporodu in odrešitvi po vseh narodih, iz prve roke vem, da Cerkvi ne primanjkuje znanja – primanjkuje nam duhovne **zavesti**, **poguma** in **discipline**. To delo premošča to vrzel. V 40-dnevno potovanje, ki bo otreslo prah spečih življenj in zanetilo ogenj v utrujenih, združuje globalna pričevanja, ostro resnico, praktična dejanja in moč križa.

Za pastorja, ki si drzne soočiti se z oltarji, za mladega odraslega, ki se tiho bori z demonskimi sanjami, za lastnika podjetja, zapletenega v nevidne zaveze, in za vodjo, ki ve, da je nekaj *duhovno narobe*, a tega ne more poimenovati – ta knjiga je za vas.

Pozivam vas, da ga ne berete pasivno. Naj vsaka stran spodbudi vašega duha. Naj vsaka zgodba rodi vojno. Naj vsaka izjava nauči vaša usta govoriti z ognjem. In ko boste prehodili teh 40 dni, ne praznujte le svoje svobode – postanite posoda za svobodo drugih.

Ker prava oblast ni le pobeg iz teme ...

Gre za to, da se obrnemo in potegnemo druge v svetlobo.

V Kristusovi avtoriteti in moči,
Veleposlanik Ogbe

Uvod

OD TEME DO VLASTI: 40 dni do osvoboditve iz skritega prijema teme ni le še ena pobožnost – je globalni poziv k prebujanju.

Po vsem svetu – od podeželskih vasi do predsedniških palač, cerkvenih oltarjev do sejnih sob – moški in ženske kričijo po svobodi. Ne le po odrešenju. **Po osvoboditvi. Jasnosti. Preboju. Celovitosti. Miru. Moči.**

Ampak resnica je takšna: ne moreš se znebiti tistega, kar prenašaš. Ne moreš se osvoboditi tistega, česar ne moreš videti. Ta knjiga je tvoja luč v tej temi.

Štirideset dni boste hodili skozi nauke, zgodbe, pričevanja in strateška dejanja, ki razkrivajo skrite operacije teme in vam dajejo moč, da premagate – duha, dušo in telo.

Ne glede na to, ali ste pastor, izvršni direktor, misijonar, priprošnjik, najstnik, mati ali voditelj države, se boste z vsebino te knjige soočili. Ne zato, da bi vas osramotili – ampak da bi vas osvobodili in pripravili, da boste druge popeljali v svobodo.

To je **globalna pobožnost zavedanja, osvoboditve in moči** – zakoreninjena v Svetem pismu, izostrena z resničnimi življenjskimi pripovedmi in prepojena z Jezusovo krvjo.

Kako uporabljati to molitev

1. **Začnite s 5 temeljnimi poglavji**
   . Ta poglavja postavljajo temelje. Ne preskočite jih. Pomagala vam bodo razumeti duhovno arhitekturo teme in avtoriteto, ki vam je bila dana, da se dvignete nad njo.
2. **Zavestno preidite vsak dan**
   Vsak dnevni vnos vključuje osrednjo temo, globalne manifestacije, resnično zgodbo, svetopisemske odlomke, akcijski načrt, ideje za skupinsko uporabo, ključni vpogled, dnevniške spodbude in močno

molitev.
3. **Vsak dan zaključite z dnevno 360° deklaracijo**
   Ta močna deklaracija, ki jo najdete na koncu te knjige, je zasnovana tako, da okrepi vašo svobodo in zaščiti vaša duhovna vrata.
4. **Uporabite ga sami ali v skupinah**
   Ne glede na to, ali greste skozi to individualno ali v skupini, domači skupnosti, posredniški ekipi ali v službi osvoboditve – dovolite Svetemu Duhu, da vodi tempo in prilagodi bojni načrt.
5. **Pričakujte nasprotovanje – in prebojni**
   odpor bo prišel. A tako bo tudi svoboda. Osvoboditev je proces in Jezus je predan temu, da ga bo prehodil z vami.

TEMELJNA POGLAVJA (Preberite pred 1. dnem)

1. Izvor Temnega kraljestva

Od Luciferjevega upora do pojava demonskih hierarhij in teritorialnih duhov to poglavje sledi biblijski in duhovni zgodovini teme. Razumevanje, kje se je začela, vam pomaga prepoznati, kako deluje.

2. Kako Temno kraljestvo deluje danes

Od zavez in krvnih žrtev do oltarjev, morskih duhov in tehnološke infiltracije to poglavje razkriva sodobne obraze starodavnih duhov – vključno s tem, kako lahko mediji, trendi in celo religija služijo kot kamuflaža.

3. Vstopne točke: Kako se ljudje zasvojijo

Nihče se ne rodi v suženjstvo po naključju. To poglavje preučuje vrata, kot so travma, oltarji prednikov, izpostavljenost čarovništvu, vezi med dušami, okultna radovednost, prostozidarstvo, lažna duhovnost in kulturne prakse.

4. Manifestacije: od posedovanja do obsedenosti

Kako je videti suženjstvo? Od nočnih mor do zakonske zamude, neplodnosti, odvisnosti, besa in celo »svetega smeha«, to poglavje razkriva, kako se demoni prikrivajo kot težave, darila ali osebnosti.

5. Moč besede: avtoriteta vernikov

Preden začnemo 40-dnevni boj, morate razumeti svoje zakonske pravice v Kristusu. To poglavje vas oboroži z duhovnimi zakoni, orožjem bojevanja, svetopisemskimi protokoli in jezikom odrešitve.

ŠE ZADNJA SPODBUDA, PREDEN ZAČNETE

Bog te ne kliče, da bi *obvladoval* temo.

Kliče te, da jo **obvladaš**.

Ne z močjo, ne z oblastjo, ampak z njegovim Duhom.

Naj bo teh naslednjih 40 dni več kot le pobožnost.

Naj bo to pogreb za vsak oltar, ki te je nekoč nadzoroval ... in kronanje v usodo, ki ti jo je določil Bog.

Tvoja pot do prevlade se začne zdaj.

POGLAVJE 1: IZVOR TEMNEGA KRALJESTVA

>> *Kajti naš boj ni proti krvi in mesu, ampak proti poglavarstvom, proti oblastem, proti vladarjem teme tega sveta, proti duhovnim silam hudobnosti v nebeških prostorih.«* — Efežanom 6:12

Dolgo preden je človeštvo stopilo na oder časa, je v nebesih izbruhnila nevidna vojna. To ni bila vojna z meči ali puškami, temveč upor – veleizdaja proti svetosti in avtoriteti Najvišjega Boga. Sveto pismo razkriva to skrivnost skozi različne odlomke, ki namigujejo na padec enega najlepših Božjih angelov – **Luciferja**, sijočega – ki si je drznil povzdigniti se nad Božji prestol (Izaija 14,12–15, Ezekiel 28,12–17).

Ta kozmični upor je rodil **Temno kraljestvo** – kraljestvo duhovnega upora in prevare, ki ga sestavljajo padli angeli (zdaj demoni), kneževine in sile, združene proti Božji volji in Božjemu ljudstvu.

Padec in nastanek teme

LUCIFER NI BIL VEDNO zloben. Ustvarjen je bil popoln v modrosti in lepoti. Toda ponos je vstopil v njegovo srce in ponos se je spremenil v upor. Prevaral je tretjino nebeških angelov, da so mu sledili (Razodetje 12,4), in bili so izgnani iz nebes. Njihovo sovraštvo do človeštva je zakoreninjeno v ljubosumju – ker je bilo človeštvo ustvarjeno po Božji podobi in mu je bila dana oblast.

Tako se je začela vojna med **Kraljestvom luči** in **Kraljestvom teme** – nevidni spopad, ki se dotika vsake duše, vsakega doma in vsakega naroda.

Globalni izraz Temnega kraljestva

ČEPRAV NEVIDEN, JE vpliv tega temnega kraljestva globoko zakoreninjen v:

- **Kulturne tradicije** (čaščenje prednikov, krvne žrtve, tajne družbe)
- **Zabava** (podzavestna sporočila, okultna glasba in predstave)
- **Upravljanje** (korupcija, krvne pogodbe, prisege)
- **Tehnologija** (orodja za odvisnost, nadzor, manipulacijo uma)
- **Izobraževanje** (humanizem, relativizem, lažno razsvetljenje)

Od afriškega džudžuja do zahodnega misticizma nove dobe, od čaščenja džinov na Bližnjem vzhodu do južnoameriškega šamanizma, oblike se razlikujejo, **duh pa je enak** – prevara, prevlada in uničenje.

Zakaj je ta knjiga pomembna zdaj

SATANOVA NAJVEČJA ZVIJAČA je, da ljudi prepriča, da ne obstaja – ali še huje, da so njegove poti neškodljive.

Ta pobožnost je **priročnik duhovne inteligence** – dviguje tančico, razkriva njegove spletke in opolnomoča vernike po celinah, da:

- **Prepoznajte** vstopne točke
- **Odpovejte se** skritim zavezam
- **Uprite** se z avtoriteto
- **Povrnitev** ukradenega

Rodil si se v bitki

TO NI POBOŽNOST ZA tiste s slabim srcem. Rodili ste se na bojišču, ne na igrišču. Toda dobra novica je: **Jezus je vojno že dobil!**

»*Razorožil je poglavarstva in oblasti ter jih javno osramotil, tako da je v njem zmagal nad njimi.*« — Kološanom 2:15

Nisi žrtev. Si več kot zmagovalec v Kristusu. Razkrinkajmo temo – in pogumno stopimo v luč.

Ključni vpogled

Izvor teme je ponos, upor in zavračanje Božje vladavine. Ta ista semena še danes delujejo v srcih ljudi in sistemov. Da bi razumeli duhovni boj, moramo najprej razumeti, kako se je upor začel.

Dnevnik refleksije

- Sem duhovni boj zavrgel kot vraževerje?
- Katere kulturne ali družinske prakse sem normaliziral in so morda povezane s starodavnim uporom?
- Ali resnično razumem vojno, v katero sem se rodil?

Molitev razsvetljenja

Nebeški Oče, razkrij mi skrite korenine upora okoli mene in v meni. Razkrij laži teme, ki sem jih morda nevede sprejel. Naj Tvoja resnica zasije v vsakem senčnem kraju. Izberem Kraljestvo luči. Izberem hoditi v resnici, moči in svobodi. V Jezusovem imenu. Amen.

2. POGLAVJE: KAKO TEMNO KRALJESTVO DELUJE DANES

>> *Da nas ne bi satan prevaral, saj nam njegove naklepi niso nevedni.« — 2 Korinčanom 2:11*

Kraljestvo teme ne deluje naključno. Je dobro organizirana, globoko večplastna duhovna infrastruktura, ki odraža vojaško strategijo. Njen cilj: infiltrirati se, manipulirati, nadzorovati in na koncu uničiti. Tako kot ima Božje kraljestvo rang in red (apostoli, preroki itd.), ima tudi kraljestvo teme – s poglavarstvi, oblastmi, vladarji teme in duhovno hudobijo na višavah (Efežanom 6,12).

Temno kraljestvo ni mit. Ni ljudsko izročilo ali versko vraževerje. Je nevidna, a resnična mreža duhovnih agentov, ki manipulirajo s sistemi, ljudmi in celo cerkvami, da bi izpolnili Satanovo agendo. Medtem ko si mnogi predstavljajo vile in rdeče rogove, je resnično delovanje tega kraljestva veliko bolj subtilno, sistematično in zloveče.

1. Prevara je njihova valuta

Sovražnik trguje z lažmi. Od rajskega vrta (Geneza 3) do sodobnih filozofij so se Satanove taktike vedno vrtele okoli sejanja dvoma v Božjo besedo. Danes se prevara pojavlja v obliki:

- *Nauki nove dobe, prikriti kot razsvetljenstvo*
- *Okultne prakse, prikrite kot kulturni ponos*
- *Čarovništvo, poveličano v glasbi, filmih, risankah in trendih družbenih medijev*

Ljudje se nevede udeležujejo obredov ali uživajo medije, ki odpirajo duhovna vrata brez razločevanja.

2. Hierarhična struktura zla

Tako kot ima Božje kraljestvo red, tudi temno kraljestvo deluje pod določeno hierarhijo:

- **Kneževine** – teritorialni duhovi, ki vplivajo na narode in vlade
- **Moči** – Agenti, ki uveljavljajo hudobijo prek demonskih sistemov
- **Vladarji teme** – Koordinatorji duhovne slepote, malikovanja in lažne religije
- **Duhovna hudobija na visokih položajih** – entitete na elitni ravni, ki vplivajo na globalno kulturo, bogastvo in tehnologijo

Vsak demon je specializiran za določene naloge – strah, odvisnost, spolno perverznost, zmedenost, ponos, razdor.

3. Orodja kulturnega nadzora

Hudiču ni več treba biti fizično prisoten. Kultura zdaj opravlja težko delo. Njegove strategije danes vključujejo:

- **Subliminalna sporočila:** Glasba, oddaje, oglasi, polni skritih simbolov in obrnjenih sporočil
- **Desenzibilizacija:** Ponavljajoča se izpostavljenost grehu (nasilje, golota, kletvice), dokler ne postane »normalno«
- **Tehnike nadzora uma:** Z medijsko hipnozo, čustveno manipulacijo in zasvojljivimi algoritmi

To ni naključje. To so strategije, namenjene oslabitvi moralnih prepričanj, uničenju družin in redefiniranju resnice.

4. Generacijski sporazumi in krvne linije

Skozi sanje, obrede, posvetitve ali zaveze prednikov so mnogi ljudje nevede povezani s temo. Satan izkorišča:

- Družinski oltarji in idoli prednikov
- Poimenovanje obredov, ki prikličejo duhove
- Skrivni družinski grehi ali prekletstva, ki so se prenašali iz roda v rod

To odpira pravne temelje za trpljenje, dokler zaveza ni prelomljena s krvjo Jezusa.

5. Lažni čudeži, lažni preroki

Temno kraljestvo ljubi religijo – še posebej, če ji manjka resnice in moči. Lažni preroki, zapeljivi duhovi in ponarejeni čudeži zavajajo množice:

»*Sam satan se namreč preoblači v angela luči.*« — 2 Korinčanom 11:14

Mnogi danes sledijo glasovom, ki jim žgečkajo ušesa, a jim vežejo dušo.

Ključni vpogled

Hudič ni vedno glasen – včasih šepeta skozi kompromis. Največja taktika Temnega kraljestva je prepričati ljudi, da so svobodni, medtem ko so prefinjeno zasužnjeni.

Dnevnik refleksije:

- Kje ste v svoji skupnosti ali državi že opazili takšne operacije?
- Ali obstajajo oddaje, glasba, aplikacije ali rituali, ki ste jih normalizirali in bi lahko bili dejansko orodja manipulacije?

Molitev za zavedanje in kesanje:

Gospod Jezus, odpri mi oči, da vidim delovanje sovražnika. Razkrij vsako laž, ki sem ji verjel. Odpusti mi za vsa vrata, ki sem jih odprl, zavestno ali nezavedno. Prelomil sem dogovor s temo in izbral Tvojo resnico, Tvojo moč in Tvojo svobodo. V Jezusovem imenu. Amen.

POGLAVJE 3: VSTOPNE TOČKE – KAKO SE LJUDJE ZAVEZAJO

Ne dajajte hudiču prostora.« — Efežanom 4:27

» V vsaki kulturi, generaciji in domu obstajajo skrite odprtine – prehodi, skozi katere vstopa duhovna tema. Te vstopne točke se sprva morda zdijo neškodljive: otroška igra, družinski obred, knjiga, film, nerešena travma. Ko pa se odprejo, postanejo zakonita podlaga za demonski vpliv.

Skupne vstopne točke

1. **Zaveze krvne linije** – Prisege prednikov, obredi in malikovanje, ki prenašajo dostop do zlih duhov.
2. **Zgodnja izpostavljenost okultizmu** – Kot v zgodbi *Lourdes Valdivia* iz Bolivije, otroci, izpostavljeni čarovništvu, spiritualizmu ali okultnim ritualom, pogosto postanejo duhovno ogroženi.
3. **Mediji in glasba** – Pesmi in filmi, ki slavijo temo, čutnost ali upor, lahko subtilno vabijo duhovni vpliv.
4. **Travma in zloraba** – Spolna zloraba, nasilna travma ali zavrnitev lahko razpokajo dušo in jo odprejo zatiralskim duhovom.
5. **Spolni greh in duhovne vezi** – Nedovoljene spolne zveze pogosto ustvarjajo duhovne vezi in prenos duhov.
6. **Nova doba in lažna religija** – Kristali, joga, duhovni vodniki, horoskopi in »belo čarovništvo« so prikrita povabila.
7. **Grenkoba in neodpuščanje** – To daje demonskim duhovom zakonito pravico do mučenja (glej Matej 18:34).

Poudarek globalnega pričevanja: *Lourdes Valdivia (Bolivija)*

Pri komaj sedmih letih je Lourdes s čarovništvom seznanila njena mati, dolgoletna okultistka. Njena hiša je bila polna simbolov, kosti s pokopališč in knjig o magiji. Preden je končno našla Jezusa in bila osvobojena, je doživela astralno projekcijo, glasove in muke. Njena zgodba je ena od mnogih – dokazuje, kako zgodnja izpostavljenost in generacijski vpliv odpirata vrata duhovnemu suženjstvu.

Referenca za večje izkoriščanje:
Zgodbe o tem, kako so ljudje nevede odpirali vrata z "neškodljivimi" dejavnostmi – le da so se ujeli v temo – najdete v knjigah *Greater Exploits 14* in *Defered from the Power of Darkness* (glejte dodatek) .

Ključni vpogled
Sovražnik le redko vdre. Čaka, da se vrata odprejo. Kar se zdi nedolžno, podedovano ali zabavno, so včasih lahko prav tista vrata, ki jih sovražnik potrebuje.

Dnevnik refleksije

- Kateri trenutki v mojem življenju so morda služili kot duhovne vstopne točke?
- Ali obstajajo "neškodljive" tradicije ali predmeti, ki se jih moram znebiti?
- Ali se moram odpovedati čemurkoli iz svoje preteklosti ali družinske linije?

Molitev odpovedi
Oče, zapiram vsa vrata, ki sem jih jaz ali moji predniki morda odprli temi. Odpovedujem se vsem dogovorom, duhovnim vezim in izpostavljenosti čemurkoli nesvetemu. Prekinjam vsako verigo s krvjo Jezusa. Izjavljam, da moje telo, duša in duh pripadajo samo Kristusu. V Jezusovem imenu. Amen.

4. POGLAVJE: MANIFESTACIJE – OD POSESTI DO OBSESIJE

>> *Ko nečisti duh izstopi iz človeka, tava po sušnih krajih in išče počitka, a ga ne najde. Tedaj pravi: 'Vrnil se bom v hišo, iz katere sem odšel.'«* — Matej 12:43

Ko oseba enkrat pade pod vpliv temnega kraljestva, se njene manifestacije razlikujejo glede na raven dodeljenega demonskega dostopa. Duhovni sovražnik se ne zadovolji z obiski – njegov končni cilj je bivanje in prevlada.

Stopnje manifestacije

1. **Vpliv** – Sovražnik pridobiva vpliv z mislimi, čustvi in odločitvami.
2. **Zatiranje** – Prisotni so zunanji pritisk, teža, zmeda in mučenje.
3. **Obsesija** – Oseba se osredotoča na temne misli ali kompulzivno vedenje.
4. **Obsedenost** – V redkih, a resničnih primerih se demoni naselijo in prevladajo nad človekovo voljo, glasom ali telesom.

Stopnja manifestacije je pogosto povezana z globino duhovnega kompromisa.

Globalne študije primerov manifestacije

- **Afrika:** Primeri duhovnega moža/žene, norost, ritualno suženjstvo.
- **Evropa:** hipnoza nove dobe, astralna projekcija in fragmentacija uma.
- **Azija:** Predniške vezi duš, pasti reinkarnacije in zaobljube krvne linije.
- **Južna Amerika:** šamanizem, duhovni vodniki, odvisnost od jasnovidcev.
- **Severna Amerika:** Čarovništvo v medijih, »neškodljivi« horoskopi,

prehodi snovi.
- **Bližnji vzhod:** srečanja z džini, krvne prisege in preroške ponaredke.

Vsaka celina predstavlja svojo edinstveno preobleko istega demonskega sistema – in verniki se morajo naučiti prepoznati znake.

Pogosti simptomi demonske aktivnosti

- Ponavljajoče se nočne more ali spalna paraliza
- Glasovi ali duševne muke
- Kompulzivni greh in ponavljajoče se odpadništvo
- Nepojasnjene bolezni, strah ali bes
- Nadnaravna moč ali znanje
- Nenaden odpor do duhovnih stvari

Ključni vpogled

Kar imenujemo »duševne«, »čustvene« ali »zdravstvene« težave, je včasih lahko duhovne narave. Ne vedno – ampak dovolj pogosto, da je razločevanje ključnega pomena.

Dnevnik refleksije

- Sem opazil/a ponavljajoče se težave, ki se zdijo duhovne narave?
- Ali v moji družini obstajajo generacijski vzorci uničevanja?
- Kakšne medije, glasbo ali odnose dopuščam v svoje življenje?

Molitev odpovedi

Gospod Jezus, odpovedujem se vsakemu skritemu dogovoru, odprtim vratom in brezbožni zavezi v svojem življenju. Prekinjam vezi z vsem, kar ni od tebe – zavestno ali nezavedno. Vabim ogenj Svetega Duha, da požre vsako sled teme v mojem življenju. Popolnoma me osvobodi. V tvojem mogočnem imenu. Amen.

5. POGLAVJE: MOČ BESEDE – AVTORITETA VERNIKOV

>> *Glejte, dajem vam oblast, da stopate po kačah in škorpijonih in po vsej moči sovražnika; in nič vam ne bo škodovalo.«* — Luka 10:19 (KJV)

Mnogi verniki živijo v strahu pred temo, ker ne razumejo luči, ki jo nosijo. Vendar Sveto pismo razkriva, da **Božja beseda ni le meč (Efežanom 6,17)** – je ogenj (Jeremija 23,29), kladivo, seme in življenje samo. V boju med svetlobo in temo tisti, ki poznajo in oznanjajo Besedo, nikoli niso žrtve.

Kaj je ta moč?

Moč, ki jo imajo verniki, je **delegirana avtoriteta**. Kot policist z značko ne stojimo na lastni moči, temveč v **Jezusovem imenu** in po Božji besedi. Ko je Jezus v puščavi premagal Satana, ni kričal, jokal ali paničaril – preprosto je rekel: »*Pisano je.*«

To je vzorec za vse duhovne boje.

Zakaj mnogi kristjani ostajajo poraženi

1. **Nevednost** – Ne vedo, kaj Beseda pravi o njihovi identiteti.
2. **Tišina** – Ne razglašajo Božje besede nad situacijami.
3. **Nedoslednost** – Živijo v ciklih greha, kar spodkopava zaupanje in dostop do vsega.

Zmaga ni v tem, da glasneje kričiš, ampak v tem, da **globlje verjameš** in **pogumno razglašaš**.

Avtoriteta v akciji – Globalne zgodbe

- **Nigerija:** Mlad fant, ujet v kultizmu, je bil rešen, ko mu je mati dosledno mazilila sobo in vsak večer molila Psalm 91.
- **Združene države Amerike:** Nekdanja pripadnici wiccana je opustila

čarovništvo, potem ko je kolegica več mesecev vsak dan tiho oznanjevala svetopisemske spise nad njenim delovnim prostorom.
- **Indija:** Vernik je razglašal Izaija 54:17, medtem ko se je soočal z nenehnimi napadi črne magije – napadi so se ustavili in napadalec je priznal.
- **Brazilija:** Ženska je svoje samomorilne misli preglasila z dnevnimi izjavami iz 8. pisma Rimljanom in začela hoditi v nadnaravnem miru.

Beseda je živa. Ne potrebuje naše popolnosti, samo našo vero in izpoved.
Kako uporabljati besedo v vojskovanju

1. **Zapomnite si svetopisemske odlomke**, povezane z identiteto, zmago in zaščito.
2. **Izgovarjajte Besedo na glas**, še posebej med duhovnimi napadi.
3. **Uporabite ga v molitvi** in oznanjajte Božje obljube glede na določene situacije.
4. **Postite se + Molite** z Besedo kot sidrom (Matej 17,21).

Temeljni svetopisemski odlomki za vojskovanje

- *2 Korinčanom 10:3–5* – Rušenje trdnjav
- *Izaija 54:17* – Nobeno izdelano orožje ne bo uspelo
- *Luka 10:19* – Moč nad sovražnikom
- *Psalm 91* – Božja zaščita
- *Razodetje 12:11* – Premagani s krvjo in pričevanjem

Ključni vpogled
Božja beseda v tvojih ustih je tako močna kot beseda v Božjih ustih – ko je izgovorjena v veri.

Dnevnik refleksije

- Ali poznam svoje duhovne pravice kot vernik?
- Na katerih svetopisemskih odlomkih danes aktivno stojim?
- Sem dovolil/a, da strah ali nevednost utišata mojo avtoriteto?

Molitev za opolnomočenje

Oče, odpri mi oči za avtoriteto, ki jo imam v Kristusu. Nauči me, kako uporabljati tvojo Besedo s pogumom in vero. Kjer sem dovolil, da vlada strah ali nevednost, naj pride razodetje. Danes stojim kot Božji otrok, oborožen z mečem Duha. Govoril bom Besedo. Zmagal bom. Ne bom se bal sovražnika – kajti večji je tisti, ki je v meni. V Jezusovem imenu. Amen.

1. DAN: KRVNE LINIJE IN VRATA – PREKINITEV DRUŽINSKIH VERIG

>> *Naši očetje so grešili in jih ni več, mi pa nosimo njihovo kazen.«* — Žalostinke 5:7

Morda si rešen, toda tvoja krvna linija ima še vedno zgodovino – in dokler se stare zaveze ne prelomijo, še naprej govorijo.

Po vseh celinah obstajajo skriti oltarji, pakti prednikov, skrivne zaobljube in podedovane krivice, ki ostanejo aktivne, dokler se jih posebej ne lotimo. Kar se je začelo s prababicami in pradedki, morda še vedno odloča o usodi današnjih otrok.

Globalni izrazi

- **Afrika** – Družinski bogovi, oraklji, generacijsko čarovništvo, krvne žrtve.
- **Azija** – čaščenje prednikov, reinkarnacijske vezi, karmične verige.
- **Latinska Amerika** – santerija, oltarji smrti, šamanske krvne prisege.
- **Evropa** – prostozidarstvo, poganske korenine, pakti o krvnih sorodnikih.
- **Severna Amerika** – dediščine New Agea, masonska rodovina, okultni predmeti.

Prekletstvo traja, dokler nekdo ne vstane in reče: "Nič več!"

Globlje pričevanje – Zdravljenje iz korenin

Ženska iz Zahodne Afrike je po branju knjige *Greater Exploits 14* spoznala, da so njeni kronični splavi in nepojasnjene muke povezani s položajem njenega dedka kot duhovnika v svetišču. Kristusa je sprejela že pred leti, vendar se ni nikoli ukvarjala z družinskimi zavezami.

Po treh dneh molitve in posta je bila vodena k uničenju določenih dediščin in odpovedi zavezam s pomočjo Galačanom 3:13. Istega meseca je spočela in rodila otroka v roku. Danes vodi druge v ozdravljanju in odrešenju.

Drug moški v Latinski Ameriki, omenjen v knjigi *Osvobojeni iz moči teme*, je našel svobodo, potem ko se je odpovedal prostozidarskemu prekletstvu, ki ga je na skrivaj podedoval od svojega pradeda. Ko je začel uporabljati svetopisemske odlomke, kot je Izaija 49:24–26, in se udeleževati molitev za odrešitev, so se njegove duševne muke ustavile in v njegovem domu se je povrnil mir.

Te zgodbe niso naključja – so pričevanja o resnici v praksi.

Akcijski načrt – Družinski popis

1. Zapišite vsa znana družinska prepričanja, prakse in pripadnosti – verske, mistične ali tajne družbe.
2. Prosite Boga za razodetje skritih oltarjev in zavez.
3. V molitvi uničite in zavrzite vse predmete, povezane z malikovanjem ali okultnimi praksami.
4. Postite se, kot ste vodili, in uporabite spodnje svetopisemske odlomke, da razložite pravno podlago:
    - *Levitik 26:40–42*
    - *Izaija 49:24–26*
    - *Galačanom 3:13*

SKUPINSKA RAZPRAVA in uporaba

- Katere običajne družinske prakse so pogosto spregledane kot neškodljive, a so lahko duhovno nevarne?
- Naj člani anonimno delijo (če je potrebno) morebitne sanje, predmete ali ponavljajoče se cikle v svoji krvni liniji.
- Skupinska molitev odpovedi – vsaka oseba lahko izgovori ime družine ali zadeve, ki se je odpoveduje.

Orodja za služenje: Prinesite mazilno olje. Ponudite obhajilo. Vodite skupino v zavezni molitvi zamenjave – posvetite vsako družinsko linijo Kristusu.

Ključni vpogled
Ponovno rojstvo reši vašega duha. Kršenje družinskih zavez ohrani vašo usodo.

Dnevnik refleksije

- Kaj je v moji družini? Kaj se mora pri meni ustaviti?
- Ali so v mojem domu predmeti, imena ali tradicije, ki jih je treba odstraniti?
- Katera vrata so odprli moji predniki, ki jih moram zdaj jaz zapreti?

Molitev za odpustitev
Gospod Jezus, zahvaljujem se ti za tvojo kri, ki govori boljše stvari. Danes se odpovedujem vsakemu skritemu oltarju, družinski zavezi in podedovani vezanosti. Prekinjam verige svoje krvne linije in izjavljam, da sem nova stvaritev. Moje življenje, družina in usoda zdaj pripadajo samo tebi. V Jezusovem imenu. Amen.

2. DAN: VDOR SANJ – KO NOČ POSTANE BOJIŠČE

>> *Medtem ko so ljudje spali, je prišel njegov sovražnik, posejal ljuljko med pšenico in odšel.«* — Matej 13:25

Za mnoge se največji duhovni boj ne zgodi, ko so budni – zgodi se, ko spijo. Sanje niso le naključna možganska aktivnost. So duhovni portali, skozi katere se izmenjujejo opozorila, napadi, zaveze in usode. Sovražnik uporablja spanec kot tiho bojišče za sejanje strahu, poželenja, zmede in odlašanja – vse brez odpora, ker se večina ljudi ne zaveda vojne.

Globalni izrazi

- **Afrika** – duhovni zakonci, kače, prehranjevanje v sanjah, maškarade.
- **Azija** – srečanja s predniki, sanje o smrti, karmične muke.
- **Latinska Amerika** – živalski demoni, sence, spalna paraliza.
- **Severna Amerika** – astralna projekcija, sanje o nezemeljskih bitjih, ponovitve travm.
- **Evropa** – gotske manifestacije, spolni demoni (inkub/sukuba), razdrobljenost duš.

Če Satan lahko nadzoruje vaše sanje, lahko vpliva na vašo usodo.

Pričevanje – Od nočnega terorja do miru

Mlada ženska iz Združenega kraljestva je po branju knjige *Ex-Satanist: The James Exchange* poslala e-pošto. Delila je, kako so jo leta mučile sanje o tem, da jo preganjajo, grizejo psi ali da spi z neznanimi moškimi – temu pa so v resničnem življenju vedno sledili neuspehi. Njeni odnosi so propadli, zaposlitvene priložnosti so izginile in bila je nenehno izčrpana.

S postom in preučevanjem svetih spisov, kot je Job 33:14–18, je odkrila, da Bog pogosto govori skozi sanje – toda enako počne tudi sovražnik. Začela si je maziti glavo z oljem, na glas zavračati zle sanje, ko se je zbudila, in voditi dnevnik sanj. Postopoma so njene sanje postale jasnejše in mirnejše. Danes vodi podporno skupino za mlade ženske, ki trpijo zaradi napadov v sanjah.

Nigerijski poslovnež je po poslušanju pričevanja na YouTubu spoznal, da so njegove sanje o tem, da mu vsako noč strežejo hrano, povezane s čarovništvom. Vsakič, ko je v sanjah sprejel hrano, so šle stvari v njegovem poslu narobe. Naučil se je, da hrano v sanjah takoj zavrne, pred spanjem moli v jezikih in zdaj namesto tega vidi božanske strategije in opozorila.

Akcijski načrt – Okrepite svoje nočne straže

1. **Pred spanjem:** Na glas berite svetopisemske odlomke. Častite Boga. Pomažite si glavo z oljem.
2. **Dnevnik sanj:** Zapišite si vse sanje, ko se zbudite – dobre ali slabe. Prosite Svetega Duha za razlago.
3. **Zavrnitev in odpoved:** Če sanje vključujejo spolno aktivnost, mrtve sorodnike, prehranjevanje ali vezanje – se jih takoj odpovedite v molitvi.
4. **Svetopisemski boj:**
    - *Psalm 4:8* — Miren spanec
    - *Job 33:14–18* – Bog govori skozi sanje
    - *Matej 13:25* - Sovražnik seje ljuljko
    - *Izaija 54:17* - Nobeno orožje ni narejeno proti tebi

Skupinska prijava

- Anonimno delite svoje nedavne sanje. Naj skupina razloči vzorce in pomene.
- Člane naučite, kako ustno zavrniti zle sanje in dobre zapečatiti v molitvi.
- Skupinska izjava: »Prepovedujemo demonske transakcije v naših sanjah, v Jezusovem imenu!«

Orodja ministrstva:

- Prinesite papir in pisala za pisanje sanj.

- Prikažite, kako maziliti svoj dom in posteljo.
- Darujte obhajilo kot pečat zaveze za to noč.

Ključni vpogled
Sanje so bodisi vrata do božanskih srečanj bodisi demonske pasti. Razločevanje je ključnega pomena.

Dnevnik refleksije

- Kakšne sanje sem nenehno doživljal/a?
- Si vzamem čas za razmislek o svojih sanjah?
- So me moje sanje opozarjale na nekaj, kar sem prezrl/a?

Molitev nočne straže
Oče, svoje sanje posvečam Tebi. Naj nobena zla sila ne projicira v moje spanje. V sanjah zavračam vsako demonsko zavezo, spolno oskrunjenje ali manipulacijo. Med spanjem prejemam božanski obisk, nebeška navodila in angelsko zaščito. Naj bodo moje noči polne miru, razodetja in moči. V Jezusovem imenu, amen.

3. DAN: DUHOVNI ZAKONCI – NESVETE ZVEZE, KI POVEZUJEJO USODE

>> *Kajti tvoj Stvarnik je tvoj mož – Gospod Vsemogočni je njegovo ime ...«* — Izaija 54:5

»Svoje sinove in hčere so darovali hudičem.« — Psalm 106:37

Medtem ko mnogi hrepenijo po zakonskem preboju, se ne zavedajo, da so že v **duhovnem zakonu** – v katerega niso nikoli privolili.

To so **zaveze, sklenjene s sanjami, nadlegovanjem, krvnimi rituali, pornografijo, prisegami prednikov ali demonskim prenosom**. Duhovni zakonec – inkub (moški) ali sukuba (ženska) – prevzame zakonsko pravico do telesa, intimnosti in prihodnosti osebe, pogosto blokira odnose, uničuje domove, povzroča splave in spodbuja odvisnosti.

Globalne manifestacije

- **Afrika** – morski duhovi (Mami Wata), duhovne žene/možje iz vodnih kraljestev.
- **Azija** – nebeške poroke, karmična prekletstva sorodnih duš, reinkarnirani zakonci.
- **Evropa** – čarovniške zveze, demonski ljubimci iz prostozidarstva ali druidskih korenin.
- **Latinska Amerika** – santerijske poroke, ljubezenski uroki, na paktih temelječe »duhovne poroke«.
- **Severna Amerika** – duhovni portali, ki jih povzročajo pornografije, duhovi spolnosti nove dobe, ugrabitve nezemljanov kot manifestacije srečanj z inkubusi.

Resnične zgodbe – Boj za zakonsko svobodo

Tolu, Nigerija

Tolu je bila stara 32 let in samska. Vsakič, ko se je zaročila, je moški nenadoma izginil. Nenehno je sanjala o poroki z dovršenimi obredi. V knjigi *Greater Exploits 14* je spoznala, da se njen primer ujema s pričevanjem, ki so ga tam delili. Prestala je tridnevni post in vsako noč ob polnoči molila za boj, s čimer je prekinila vezi z dušo in izgnala morskega duha, ki jo je obsedel. Danes je poročena in svetuje drugim.

Lina, Filipini

Lina je ponoči pogosto čutila »prisotnost«. Mislila je, da si stvari domišlja, dokler se ji na nogah in stegnih niso začele pojavljati modrice brez kakršne koli razlage. Njen pastor je prepoznal duhovnega soproga. Priznala je splav in odvisnost od pornografije v preteklosti, nato pa je doživela osvoboditev. Zdaj pomaga mladim ženskam prepoznati podobne vzorce v svoji skupnosti.

Akcijski načrt – Kršenje zaveze

1. **Priznajte** in se pokesajte spolnih grehov, duševnih vezi, okultnega razkritja ali obredov prednikov.
2. **zavrnite** vse duhovne poroke – po imenu, če je razkrito.
3. **Postite** se 3 dni (ali po navodilih) z Izaija 54 in Psalmom 18 kot sidrnima svetopisemskima odlomkoma.
4. **Uničite** fizične žetone: prstane, oblačila ali darila, povezana s preteklimi ljubimci ali okultnimi pripadnostmi.
5. **Izjavite na glas** :

Nisem poročen z nobenim duhom. Zavezan sem Jezusu Kristusu. Zavračam vsako demonsko zvezo v svojem telesu, duši in duhu!

Orodja za Sveto pismo

- Izaija 54:4–8 – Bog kot tvoj pravi mož
- Psalm 18 – Pretrganje vezi smrti
- 1 Korinčanom 6:15–20 – Vaše telo pripada Gospodu
- Ozej 2:6–8 – Kršenje brezbožnih zavez

Skupinska prijava

- Vprašajte člane skupine: Ste že kdaj sanjali o porokah, seksu z neznanci ali senčnih postavah ponoči?
- Vodite skupinsko odpoved duhovnim zakoncem.
- Igrajte vloge »ločitvenega sodišča v nebesih« – vsak udeleženec v molitvi pred Bogom vloži duhovno ločitev.
- Mazilno olje uporabite na glavi, trebuhu in stopalih kot simbole čiščenja, razmnoževanja in gibanja.

Ključni vpogled
Demonske poroke so resnične. Vendar ni duhovne zveze, ki je ne bi mogla prekiniti Jezusova kri.

Dnevnik refleksije

- Ali sem imel/a ponavljajoče se sanje o poroki ali seksu?
- Ali v mojem življenju obstajajo vzorci zavrnitve, odlašanja ali splava?
- Sem pripravljen/a popolnoma predati svoje telo, spolnost in prihodnost Bogu?

Molitev za odrešitev
Nebeški Oče, pokesam se vsakega spolnega greha, znanega ali neznanega. Zavračam in se odpovedujem vsakemu duhovnemu zakoncu, morskemu duhu ali okultnemu zakonu, ki mi je vzel življenje. Z močjo v Jezusovi krvi prelomim vsako zavezo, sanjsko seme in vez duše. Izjavljam, da sem Kristusova nevesta, ločena za Njegovo slavo. Hodim svobodno, v Jezusovem imenu. Amen.

4. DAN: PREKLETJENI PREDMETI – VRATA, KI OSKRANJUJEJO

>> *Ne prinašaj gnusobe v svojo hišo, da ne boš preklet kakor ona.«* — Devteronomij 7:26

Skriti vnos, ki ga mnogi prezrejo

Ni vsaka posest zgolj posest. Nekatere stvari nosijo zgodovino. Druge nosijo duhove. Prekleti predmeti niso le idoli ali artefakti – lahko so knjige, nakit, kipi, simboli, darila, oblačila ali celo podedovane dediščine, ki so bile nekoč posvečene temnim silam. Kar je na vaši polici, zapestju, steni – je lahko vstopna točka za muke v vašem življenju.

Globalna opazovanja

- **Afrika**: Kalabaši, amuleti in zapestnice, vezani na vrače ali čaščenje prednikov.
- **Azija**: Amuleti, kipi zodiaka in tempeljski spominki.
- **Latinska Amerika**: ogrlice iz santerije, punčke, sveče z napisi duhov.
- **Severna Amerika**: Tarot karte, Ouija karte, lovilci sanj, spominki grozljivk.
- **Evropa**: poganske relikvije, okultne knjige, dodatki s čarovniško tematiko.

Par v Evropi je po vrnitvi s počitnic na Baliju nenadoma zbolel in doživel duhovno stisko. Ne da bi se tega zavedal, sta kupila izrezljan kip, posvečen lokalnemu morskemu božanstvu. Po molitvi in premišljenju sta predmet odstranila in sežgala. Mir se je takoj vrnil.

Druga ženska iz pričevanj *Greater Exploits* je poročala o nerazložljivih nočnih morah, dokler ni bilo razkrito, da je bila ogrlica, ki jo je podarila njena teta, pravzaprav naprava za duhovno spremljanje, posvečena v svetišču.

Hiše ne čistiš samo fizično – očistiti jo moraš tudi duhovno.

Pričevanje: »Lutka, ki me je opazovala«

Lourdes Valdivia, katere zgodbo smo prej raziskali iz Južne Amerike, je nekoč med družinskim praznovanjem prejela porcelanasto punčko. Njena mama jo je posvetila v okultnem ritualu. Od noči, ko so jo prinesli v njeno sobo, je Lourdes začela slišati glasove, doživljati spalno paralizo in ponoči videti figure.

Šele ko je krščanska prijateljica molila z njo in ji je Sveti Duh razkril izvor lutke, se je je znebila. Demonska prisotnost je takoj izginila. To je začelo njeno prebujenje – od zatiranja do osvoboditve.

Akcijski načrt – revizija hiše in srca

1. **Sprehodite se skozi vsako sobo** v svojem domu z mazilnim oljem in Besedo.
2. **Prosite Svetega Duha**, naj poudari predmete ali darove, ki niso od Boga.
3. **Sežgite ali zavrzite** predmete, ki so povezani z okultizmom, malikovanjem ali nemoralo.
4. **Zaprite vsa vrata** z odlomki iz Svetega pisma, kot je ta:
    - *Devteronomij 7:26*
    - *Apostolska dela 19:19*
    - *2 Korinčanom 6:16–18*

Skupinska razprava in aktivacija

- Delite vse predmete ali darila, ki ste jih nekoč imeli in so imeli nenavaden vpliv na vaše življenje.
- Skupaj ustvarite »Kontrolni seznam za čiščenje hiše«.
- Določite partnerja, da bosta molila v domačem okolju drug drugega (z dovoljenjem).
- Povabite lokalnega duhovnika za osvoboditev, da vodi preroško molitev za čiščenje doma.

Pripomočki za delovanje: maziljeno olje, glasba za čaščenje, vreče za smeti (za odlaganje) in ognjevarna posoda za predmete, ki jih je treba uničiti.

Ključni vpogled
Kar dovolite v svojem prostoru, lahko pooblasti duhove v vašem življenju.

Dnevnik refleksije

- Kateri predmeti v mojem domu ali omari imajo nejasen duhovni izvor?
- Sem se nečesa oklepal zaradi sentimentalne vrednosti, česar se moram zdaj znebiti?
- Sem pripravljen posvetiti svoj prostor za Svetega Duha?

Molitev za očiščevanje

Gospod Jezus, kličem tvojega Svetega Duha, da razkrije vse v mojem domu, kar ni od tebe. Odpovedujem se vsakemu prekletemu predmetu, darilu ali predmetu, ki je bil povezan s temo. Svoj dom razglašam za sveto zemljo. Naj tukaj prebivata tvoj mir in čistost. V Jezusovem imenu. Amen.

5. DAN: OČARANA IN PREVARANA – OSVOBOĐENJE OD DUHA VEDEVANJA

» Ti možje so služabniki Najvišjega Boga , ki nam oznanjajo pot odrešenja.« — *Apostolska dela 16:17 (NKJV)*

»Pavel pa se je zelo razjezil, se obrnil in rekel duhu: 'V imenu Jezusa Kristusa ti ukazujem, da izstopiš iz nje.' In duh je izstopil še tisto uro.« — *Apostolska dela 16:18*

Med prerokovanjem in vedeževanjem je tanka meja – in mnogi jo danes prestopajo, ne da bi se tega sploh zavedali.

Od prerokov na YouTubu, ki zaračunavajo za »osebne besede«, do bralcev tarota na družbenih omrežjih, ki citirajo svetopisemske spise, je svet postal tržnica duhovnega hrupa. In tragično je, da mnogi verniki nevede pijejo iz onesnaženih potokov.

Duh **vedeževanja** posnema Svetega Duha. Laska, zapeljuje, manipulira s čustvi in svoje žrtve zapleta v mrežo nadzora. Njegov cilj? **Duhovno zaplesti, prevarati in zasužnjiti.**

Globalni izrazi vedeževanja

- **Afrika** – oraklji, duhovniki Ifa , vodni mediji, preroške prevare.
- **Azija** – bralci z dlani, astrologi, vedeževalci prednikov, reinkarnacijski »preroki«.
- **Latinska Amerika** – santerijski preroki, izdelovalci čarovnij, svetniki s temnimi močmi.
- **Evropa** – tarot karte, jasnovidnost, medijski krogi, kanaliziranje nove dobe.
- **Severna Amerika** – »krščanski« jasnovidci, numerologija v cerkvah, angelske karte, duhovni vodniki, preoblečeni v Svetega Duha.

Nevarno ni le to, kar govorijo – ampak tudi **duh,** ki se skriva za tem.

Pričevanje: Od jasnovidca do Kristusa

Američanka je na YouTubu pričala, kako je od "krščanske prerokinje" spoznala, da deluje pod vplivom vedeževalskega duha. Začela je jasno videti vizije, dajati podrobne preroške besede in na spletu privabljati velike množice. Borila pa se je tudi z depresijo, nočnimi morami in po vsaki seansi je slišala šepetajoče glasove.

Nekega dne, ko je gledala nauk o *Apostolskih delih 16* , ji je padla tehtnica. Spoznala je, da se ni nikoli podredila Svetemu Duhu – le svojemu daru. Po globokem kesanju in osvoboditvi je uničila svoje angelske karte in dnevnik posta, poln obredov. Danes oznanja Jezusa, ne več »besed«.

Akcijski načrt – Preizkušanje duhov

1. Vprašaj: Ali me ta beseda/darilo privlači h **Kristusu** ali k **osebi,** ki ga daje?
2. Vsakega duha preizkušajte s *1 Janezovim pismom 4:1–3*.
3. Pokesajte se za kakršno koli vpletenost v psihične, okultne ali ponarejene preroške prakse.
4. Prekinite vse duhovne vezi z lažnimi preroki, vedeževalci ali učitelji čarovništva (tudi na spletu).
5. Izjavite z drznostjo:

"Zavračam vsakega lažnivega duha. Pripadam samo Jezusu. Moja ušesa so uglašena na njegov glas!"

Skupinska prijava

- Pogovorite se: Ste že kdaj sledili preroku ali duhovnemu vodniku, ki se je kasneje izkazal za lažnega?
- Skupinska vaja: Vodite člane k odpovedi določenim praksam, kot so astrologija, branje duš, psihične igre ali duhovni vplivneži, ki niso ukoreninjeni v Kristusu.
- Povabite Svetega Duha: Vzemite si 10 minut za tišino in poslušanje. Nato delite, kaj Bog razodeva – če sploh kaj.
- Zažgite ali izbrišite digitalne/fizične predmete, povezane z vedeževanjem, vključno s knjigami, aplikacijami, videoposnetki ali

zapiski.

Pripomočki za služenje:
olje za odrešitev, križ (simbol podreditve), koš/vedro za odlaganje simboličnih predmetov, glasba za čaščenje, osredotočena na Svetega Duha.

Ključni vpogled
Ni vse nadnaravno od Boga. Prava prerokba izvira iz intimnosti s Kristusom, ne iz manipulacije ali spektakla.

Dnevnik refleksije

- Ali me je kdaj privlačilo k psihičnim ali manipulativnim duhovnim praksam?
- Sem bolj zasvojen z "besedami" kot z Božjo besedo?
- Katerim glasovom sem dal dostop, ki jih je zdaj treba utišati?

MOLITEV ZA ODREŠITEV

Oče, ne strinjam se z vsakim duhom vedeževanja, manipulacije in ponarejenega prerokovanja. Kesam se, ker sem iskal vodstvo brez Tvojega glasu. Očisti moj um, mojo dušo in mojega duha. Nauči me hoditi samo po Tvojem Duhu. Zaprem vsa vrata, ki sem jih odprl okultizmu, zavestno ali nezavedno. Izjavljam, da je Jezus moj Pastir in slišim samo Njegov glas. V Jezusovem mogočnem imenu, Amen.

6. DAN: VRATA OČESA – ZAPIRANJE VRAT TEME

> Oko je svetilka telesu. Če so tvoje oči zdrave, bo vse tvoje telo svetlo.« — *Matej 6:22 (NIV)*
>
> »Pred svoje oči ne bom postavil ničesar hudega …« — *Psalm 101:3 (KJV)*

V duhovnem svetu **so vaše oči vrata.** Kar vstopi skozi vaše oči, vpliva na vašo dušo – glede čistosti ali onesnaženja. Sovražnik to ve. Zato so mediji, slike, pornografija, grozljivke, okultni simboli, modni trendi in zapeljive vsebine postali bojišča.

Vojna za tvojo pozornost je vojna za tvojo dušo.

Kar mnogi smatrajo za »neškodljivo zabavo«, je pogosto kodirano povabilo – k poželenju, strahu, manipulaciji, ponosu, nečimrnosti, uporu ali celo demonski navezanosti.

Globalna vrata vizualne teme

- **Afrika** – Ritualni filmi, teme Nollywooda, ki normalizirajo čarovništvo in poligamijo.
- **Azija** – Anime in manga z duhovnimi portali, zapeljivimi duhovi, astralnimi potovanji.
- **Evropa** – gotska moda, grozljivke, obsedenost z vampirji, satanska umetnost.
- **Latinska Amerika** – Telenovele, ki slavijo čarovništvo, prekletstva in maščevanje.
- **Severna Amerika** – glavni mediji, glasbeni videoposnetki, pornografija, »ljubke« demonske risanke.

Na kar nenehno strmiš, postaneš neobčutljiv.

Zgodba: »Risanka, ki je preklela mojega otroka«

Mati iz ZDA je opazila, da je njen petletnik ponoči začel kričati in risati moteče podobe. Po molitvi jo je Sveti Duh opozoril na risanko, ki jo je njen sin na skrivaj gledal – polno urokov, govorečih duhov in simbolov, ki jih ni opazila. Izbrisala je oddaje ter mazilila svojo hišo in zaslone. Po več nočeh polnočne molitve in Psalma 91 so napadi prenehali in deček je začel mirno spati. Zdaj vodi podporno skupino, ki pomaga staršem varovati vidna vrata njihovih otrok.

Akcijski načrt – čiščenje očesnih vrat

1. Naredite **medijsko revizijo** : Kaj gledate? Berete? Brskate po spletu?
2. Prekličite naročnine ali platforme, ki hranijo vaše meso namesto vaše vere.
3. Pomazi si oči in zaslone ter oznanjaj Psalm 101:3.
4. Zamenjajte smeti z bogaboječim prispevkom – dokumentarnimi filmi, čaščenjem, čisto zabavo.
5. Izjavi:

»Pred svoje oči ne bom postavil nobene gnusobe. Moje videnje pripada Bogu.«

Skupinska prijava

- Izziv: 7-dnevni Eye Gate Fast – brez strupenih medijev, brez nedejavnega pomikanja.
- Deli: Katere vsebine ti je Sveti Duh rekel, da nehaj gledati?
- Vaja: Položite roke na oči in se odpovejte vsakršni omadeži, ki jih povzročajo videnja (npr. pornografija, grozljivke, nečimrnost).
- Dejavnost: Povabite člane, da izbrišejo aplikacije, zažgejo knjige ali zavržejo predmete, ki jim kvarijo vid.

Orodja: olivno olje, aplikacije za odgovornost, ohranjevalniki zaslona s svetopisemskimi zapisi, molitvene kartice za oči.

Ključni vpogled
Ne moreš hoditi v oblasti nad demoni, če te zabavajo.

Dnevnik refleksije

- S čim hranim svoje oči, ki morda hranijo temo v mojem življenju?

- Kdaj sem nazadnje jokal nad tem, kar Bogu para srce?
- Ali sem dal Svetemu Duhu popoln nadzor nad svojim časom, ki ga preživim pred zaslonom?

Molitev za čistost

Gospod Jezus, prosim, da tvoja kri umije moje oči. Odpusti mi stvari, ki sem jih dovolil noter skozi svoje zaslone, knjige in domišljijo. Danes izjavljam, da so moje oči za luč, ne za temo. Zavračam vsako podobo, poželenje in vpliv, ki ne prihaja od tebe. Očisti mojo dušo. Varuj moj pogled. In daj mi videti, kar vidiš ti – v svetosti in resnici. Amen.

7. DAN: MOČ, KI SE SKRIVA ZA IMENI – ODPOVED NESVETIM IDENTITETAM

» Jabez je klical k Izraelovemu Bogu in rekel: 'O, da bi me resnično blagoslovil ...' In Bog mu je dal, kar je prosil.«
— *1. kronika 4:10*

»Ne boš se več imenoval Abram, ampak Abraham ...« — *1. Mojzesova 17:5*

Imena niso le oznake – so duhovne izjave. V svetih spisih imena pogosto odražajo usodo, osebnost ali celo suženjstvo. Poimenovati nekaj pomeni dati temu identiteto in smer. Sovražnik to razume – zato so mnogi ljudje nevede ujeti pod imeni, ki so jim dana v nevednosti, bolečini ali duhovnem suženjstvu.

Tako kot je Bog spremenil imena (Abram v Abrahama, Jakob v Izraela, Saraja v Saro), še vedno spreminja usode s preimenovanjem svojega ljudstva.

Globalni konteksti imenske vezanosti

- **Afrika** – Otroci, poimenovani po mrtvih prednikih ali idolih (»Ogbanje«, »Dike«, » Ifunanya «, povezani s pomeni).
- **Azija** – Imena za reinkarnacijo, vezana na karmične cikle ali božanstva.
- **Evropa** – Imena, ki izvirajo iz poganske ali čarovniške dediščine (npr. Freya, Thor, Merlin).
- **Latinska Amerika** – imena pod vplivom santerije, zlasti prek duhovnih krstov.
- **Severna Amerika** – Imena, vzeta iz pop kulture, uporniških gibanj ali posvetil prednikom.

Imena so pomembna – in lahko nosijo moč, blagoslov ali suženjstvo.

Zgodba: »Zakaj sem morala preimenovati svojo hčerko«

V *knjigi Greater Exploits 14* je nigerijski par svojo hčerko poimenoval »Amaka«, kar pomeni »lepa«, vendar je trpela za redko boleznijo, ki je begala zdravnike. Med preroško konferenco je mati prejela razodetje: ime je nekoč uporabljala njena babica, vračarka, katere duh je zdaj zahteval otroka.

Spremenili so ji ime v » Oluwatamilore « (Bog me je blagoslovil), nato pa so se postili in molili. Deklica si je popolnoma opomogla.

Drug primer iz Indije je vključeval moškega po imenu »Karma«, ki se je boril z generacijskimi prekletstvi. Potem ko se je odpovedal hindujskim vezim in spremenil ime v »Jonathan«, je začel doživljati preboj v financah in zdravju.

Akcijski načrt – Preiskava vašega imena

1. Raziščite celoten pomen svojih imen – ime, srednje ime, priimek.
2. Vprašaj starše ali starejše, zakaj si dobil/a ta imena.
3. V molitvi se odpovejte negativnim duhovnim pomenom ali posvetitvam.
4. Izrazite svojo božansko identiteto v Kristusu:

»Poklican sem po Božjem imenu. Moje novo ime je zapisano v nebesih.« (Razodetje 2,17)

SKUPINSKA ANGAŽIRANOST

- Vprašajte člane: Kaj pomeni vaše ime? Ste imeli sanje, ki so povezane z njim?
- Izvedite »molitev poimenovanja« – preroško razglasite identiteto vsake osebe.
- Položite roke na tiste, ki se morajo osvoboditi imen, vezanih na zaveze ali spon prednikov.

Orodja: Natisnite kartice s pomenom imen, prinesite mazilno olje, uporabite svetopisemske odlomke o spremembah imen.

Ključni vpogled

Ne moreš hoditi v svoji pravi identiteti, medtem ko še vedno odgovarjaš lažni.

Dnevnik refleksije

- Kaj pomeni moje ime – duhovno in kulturno?
- Ali se počutim usklajenega s svojim imenom ali v konfliktu z njim?
- Kako me kliče nebo?

Molitev za preimenovanje

Oče, v Jezusovem imenu se ti zahvaljujem, ker si mi dal novo identiteto v Kristusu. Prelomim vsako prekletstvo, zavezo ali demonsko vez, povezano z mojimi imeni. Odpovedujem se vsakemu imenu, ki ni v skladu s Tvojo voljo. Sprejemam ime in identiteto, ki so mi jo dala nebesa – polna moči, namena in čistosti. V Jezusovem imenu, amen.

8. DAN: RAZKRITJE LAŽNE LUČI – PASTI NEW AGE IN ANGELSKE PREVARE

» *In ni čudno! Saj se sam satan preoblači v angela luči.*« — 2 Korinčanom 11:14

»*Ljubljeni, ne verjemite vsakemu duhu, ampak preizkušajte duhove, da vidite, ali so od Boga ...*« — 1 Janez 4:1

Ni vse, kar žari, Bog.

V današnjem svetu vse več ljudi išče »luč«, »zdravljenje« in »energijo« zunaj Božje besede. Obrnejo se na meditacijo, joga oltarje, aktivacijo tretjega očesa, priklic prednikov, branje tarota, lunine rituale, angelsko kanaliziranje in celo krščansko zvenečo mistiko. Prevara je močna, ker pogosto pride z mirom, lepoto in močjo – na začetku.

Toda za temi gibanji stojijo duhovi vedeževanja, lažnih prerokb in starodavnih božanstev, ki nosijo masko svetlobe, da bi dobili zakonit dostop do duš ljudi.

Globalni doseg lažne svetlobe

- **Severna Amerika** – kristali, čiščenje z žajbljem, zakon privlačnosti, jasnovidci, svetlobne kode nezemeljskih bitij.
- **Evropa** – preimenovano poganstvo, čaščenje boginje, belo čarovništvo, duhovni festivali.
- **Latinska Amerika** – santerija, pomešana s katoliškimi svetniki, spiritističnimi zdravilci (curanderos).
- **Afrika** – preroške ponaredke z uporabo angelskih oltarjev in obredne vode.
- **Azija** – čakre, joga »razsvetljenje«, svetovanje o reinkarnaciji, templjski duhovi.

Te prakse lahko ponudijo začasno »luč«, vendar sčasoma potemnijo dušo.

Pričevanje: Osvoboditev iz luči, ki je prevarala

od *Greater Exploits 14* udeleževala delavnic o angelih in prakticirala »krščansko« meditacijo s kadilom, kristali in angelskimi kartami. Verjela je, da dostopa do Božje luči, a je kmalu začela med spanjem slišati glasove in ponoči čutiti nepojasnjen strah.

Njena osvoboditev se je začela, ko ji je nekdo podaril knjigo *Jameses Exchange* , in spoznala je podobnosti med svojimi izkušnjami in izkušnjami nekdanjega satanista, ki je govoril o angelskih prevarah. Pokesala se je, uničila vse okultne predmete in se podredila molitvam za popolno osvoboditev.

Danes pogumno priča proti prevaram New Agea v cerkvah in je pomagala drugim, da so se odpovedali podobnim potem.

Akcijski načrt – Preizkušanje duhov

1. **Popišite svoje prakse in prepričanja** – ali so skladna s Svetim pismom ali se preprosto zdijo duhovna?
2. vsem materialom lažne svetlobe **in jih uničite : kristalom, priročnikom za jogo, angelskim kartam, lovilcem sanj itd.**
3. **Molite Psalm 119:105** – prosite Boga, naj bo njegova Beseda vaša edina luč.
4. **Naznanite vojno zmedi** – zvežite znane duhove in lažna razodetja.

SKUPINSKA PRIJAVA

- **Pogovorite se** : Ste se vi ali kdo, ki ga poznate, zapletli v »duhovne« prakse, ki niso bile osredotočene na Jezusa?
- **Razločevanje v igri vlog** : Preberite odlomke »duhovnih« izrekov (npr. »Zaupaj vesolju«) in jih primerjajte s Svetim pismom.
- **Seja mazilјenja in osvoboditve** : Razbijte oltarje lažni luči in jih nadomestite z zavezo *luči sveta* (Janez 8,12).

Orodja ministrstva :

- Za poučevanje z objekti prinesite dejanske predmete nove dobe (ali njihove fotografije).
- Izgovorite molitev za odrešitev pred zavajajočimi duhovi (gl. Apostolska dela 16:16–18).

Ključni vpogled
Satanovo najnevarnejše orožje ni tema – temveč ponarejena luč.
Dnevnik refleksije

- Sem odprl duhovna vrata s pomočjo "lahkih" naukov, ki niso zakoreninjeni v Svetem pismu?
- Ali zaupam Svetemu Duhu ali intuiciji in energiji?
- Sem pripravljen opustiti vse oblike lažne duhovnosti za Božjo resnico?

MOLITEV ODPOVEDI

Oče , kesam se za vse, s čimer sem se zabaval ali ukvarjal z lažno lučjo. Odpovedujem se vsem oblikam New Agea, čarovništva in varljive duhovnosti. Prekinjam vsako dušno vez z angeli, prevaranti, duhovnimi vodniki in lažnimi razodetji. Sprejemam Jezusa, resnično luč sveta. Izjavljam, da ne bom sledil nobenemu drugemu glasu razen Tvojemu, v Jezusovem imenu. Amen.

9. DAN: KRVAVI OLTAR – ZAVEZE, KI ZAHTEVAJO ŽIVLJENJE

» *In zgradili so Baalove višave ... da bi svoje sinove in hčere vodili skozi ogenj Molohu.* « — Jeremija 32:35

» *In premagali so ga z Jagnjetovo krvjo in z besedo svojega pričevanja ...* « — Razodetje 12:11

Obstajajo oltarji, ki ne zahtevajo le vaše pozornosti – zahtevajo vašo kri.

Od antičnih časov do danes so krvne zaveze osrednja praksa kraljestva teme. Nekatere se sklenejo zavestno s čarovništvom, splavom, ritualnimi uboji ali okultnimi iniciacijami. Druge se podedujejo prek praks prednikov ali pa se nevede združijo zaradi duhovne nevednosti.

Kjerkoli se preliva nedolžna kri – bodisi v svetiščih, spalnicah ali sejnih sobah – spregovori demonski oltar.

Ti oltarji terjajo življenja, skrajšujejo usode in ustvarjajo pravno podlago za demonsko trpljenje.

Globalni oltarji krvi

- **Afrika** – ritualni uboji, denarni rituali, žrtvovanje otrok, krvne zaveze ob rojstvu.
- **Azija** – daritve krvi v templju, družinska prekletstva s splavom ali vojne prisege.
- **Latinska Amerika** – santerija, žrtvovanje živali, daritve krvi duhovom mrtvih.
- **Severna Amerika** – ideologija splava kot zakramenta, bratovščine demonske krvi.
- **Evropa** – starodavni druidski in prostozidarski obredi, oltarji prelivanja krvi iz druge svetovne vojne, ki se še vedno ne kesajo.

Te zaveze, če niso prelomljene, še naprej terjajo življenja, pogosto v ciklih.

Resnična zgodba: Očetova žrtev

V romanu *Osvobojena iz moči teme* je ženska iz Srednje Afrike med seanso osvoboditve odkrila, da so njeni pogosti stiki s smrtjo povezani s krvno prisego, ki jo je dal njen oče. Obljubil ji je življenje v zameno za bogastvo po letih neplodnosti.

Po očetovi smrti je vsako leto na svoj rojstni dan začela videti sence in doživljati skoraj usodne nesreče. Njen preboj se je zgodil, ko je vsak dan nad seboj izrekla Psalm 118:17 – »*Ne bom umrla, ampak bom živela…*« , čemur je sledila vrsta molitev za odpoved in post. Danes vodi močno priprošnjo.

Drugo poročilo iz *Greater Exploits 14* opisuje moškega iz Latinske Amerike, ki je sodeloval pri iniciaciji v tolpo, ki je vključevala prelivanje krvi. Leta kasneje, tudi po tem, ko je sprejel Kristusa, je bilo njegovo življenje v nenehnem nemiru – dokler ni prelomil krvne zaveze z dolgim postom, javno spovedjo in vodnim krstom. Mučenje se je končalo.

Akcijski načrt – Utišanje krvavih oltarjev

1. **Pokesajte se** za vsak splav, pakte o okultni krvi ali podedovano prelivanje krvi.
2. **se odpovejte** vsem znanim in neznanim krvnim zavezam.
3. **Postite se 3 dni** z dnevnim obhajilom in razglasite Jezusovo kri za svoje zakonito pokrivalo.
4. **Izjavi na glas** :

»*Z Jezusovo krvjo prelomim vsako krvno zavezo, sklenjeno zame. Odkupljen sem!*«

SKUPINSKA PRIJAVA

- Pogovorite se o razliki med naravnimi krvnimi vezmi in demonskimi krvnimi zavezami.
- Za ponazoritev krvnih oltarjev uporabite rdeč trak/nit, za preroško rezanje pa škarje.
- Povabite k pričevanju nekoga, ki se je osvobodil krvno povezanih

vezi.

Orodja ministrstva :

- Elementi obhajila
- Mazilno olje
- Izjave o izročitvi
- Če je mogoče, je mogoče videti razbijanje oltarja pri svečah.

Ključni vpogled
Satan trguje s krvjo. Jezus je za tvojo svobodo preplačal s svojo.
Dnevnik refleksije

- Ali sem jaz ali moja družina sodeloval/a pri čemer koli, kar je vključevalo prelivanje krvi ali prisege?
- Ali se v moji krvni liniji ponavljajo smrti, splavi ali nasilni vzorci?
- Ali sem popolnoma zaupal Jezusovi krvi, da bo glasneje govorila nad mojim življenjem?

Molitev za odrešitev
Gospod Jezus , zahvaljujem se ti za tvojo dragoceno kri, ki govori bolje kot Abelova kri. Kesam se vsake krvne zaveze, ki smo jo sklenili jaz ali moji predniki, zavedno ali nezavedno. Zdaj se ji odpovedujem. Izjavljam, da sem pokrit z Jagnjetovo krvjo. Naj utiša in razbije vsak demonski oltar, ki zahteva moje življenje. Živim, ker si umrl zame. V Jezusovem imenu, amen.

10. DAN: NEPLODNOST IN ZLOMLJENOST – KO MATERNICA POSTANE BOJIŠČE

> *V tvoji deželi ne bo splavila in nihče ne bo nerodovit; število tvojih dni bom dopolnil.«* — Druga Mojzesova knjiga 23:26
> *»Nerodni ženski daje družino in jo dela srečno mater. Slava Gospodu!«* — Psalm 113:9

Neplodnost je več kot le medicinski problem. Lahko je duhovna trdnjava, ki temelji na globokih čustvenih, rodovnih in celo teritorialnih bojih.

Po vseh narodih sovražnik izkorišča neplodnost za sramotenje, izolacijo in uničevanje žensk in družin. Medtem ko so nekateri vzroki fiziološki, so mnogi globoko duhovni – povezani z generacijskimi oltarji, prekletstvi, duhovnimi zakonci, splavljenimi usodami ali duševnimi ranami.

Za vsako nerodovitno maternico se skriva nebeška obljuba. Toda pogosto se pred spočetjem skriva boj – v maternici in v duhu.

Globalni vzorci neplodnosti

- **Afrika** – Povezana s poligamijo, prekletstvi prednikov, svetiščnimi zavezami in duhovnimi otroki.
- **Azija** – prepričanja o karmi, zaobljube iz preteklih življenj, prekletstva iz generacij, kultura sramu.
- **Latinska Amerika** – zapiranje maternice zaradi čarovništva, uroki zavisti.
- **Evropa** – pretirana odvisnost od umetne oploditve, prostozidarske žrtve otrok, krivda zaradi splava.
- **Severna Amerika** – čustvene travme, duševne rane, spontani splavi, zdravila, ki spreminjajo hormone.

RESNIČNE ZGODBE – OD solz do pričevanj
Maria iz Bolivije (Latinska Amerika)

Maria je imela pet splavov. Vsakič je sanjala, da drži jokajočega dojenčka, naslednje jutro pa je videla kri. Zdravniki niso mogli razložiti njenega stanja. Po branju pričevanja v reviji *Greater Exploits* je spoznala, da je od babice, ki je vse ženske maternice posvetila lokalnemu božanstvu, podedovala družinski oltar neplodnosti.

Štirinajst dni se je postila in molila Psalm 113. Njen pastor jo je vodil pri prelomu zaveze z uporabo obhajila. Devet mesecev pozneje je rodila dvojčka.

Ngozi iz Nigerije (Afrika)

Ngozi je bila poročena 10 let in ni imela otrok. Med molitvami za odrešitev je bilo razkrito, da je bila v duhovnem svetu poročena z morskim možem. Vsak ovulacijski cikel je imela spolne sanje. Po seriji molitev polnočne vojne in preroškem dejanju sežiganja poročnega prstana iz pretekle okultne iniciacije se ji je odprla maternica.

Akcijski načrt – Odpiranje maternice

1. **Določite korenino** – predniško, čustveno, zakonsko ali zdravstveno.
2. **Pokesajte se preteklih splavov**, duševnih vezi, spolnih grehov in okultnih posvetitev.
3. **Vsak dan mazili svojo maternico,** medtem ko oznanjaš Izhodišče 23:26 in Psalm 113.
4. **Postite se tri dni** in vsak dan prejemajte obhajilo ter zavrnite vse oltarje, ki so vezani na vašo maternico.
5. **Govori na glas :**

Moja maternica je blagoslovljena. Zavračam vsako zavezo neplodnosti. Spočela in nosila bom do konca z močjo Svetega Duha!

Skupinska prijava

- Povabite ženske (in pare), da si delijo bremena odlašanja v varnem, molitvenem prostoru.
- Uporabite rdeče šale ali krpe, zavezane okoli pasu – nato pa jih preroško odvežite kot znak svobode.
- Vodite preroško slovesnost »poimenovanja« – razglasite otroke, ki se še niso rodili po veri.
- V molitvenih krogih prekinite prekletstva, kulturno sramoto in samosovraštvo.

Orodja ministrstva:

- Olivno olje (maziliti maternice)
- obhajilo
- Plašči/šali (simbolizirajo pokrivanje in novost)

Ključni vpogled
Neplodnost ni konec – je klic k vojni, k veri in k obnovi. Božje odlašanje ni zanikanje.

Dnevnik refleksije

- Katere čustvene ali duhovne rane so vezane na mojo maternico?
- Sem dovolil/a, da sram ali grenkoba nadomestita moje upanje?
- Sem pripravljen/a soočiti se s temeljnimi vzroki z vero in dejanji?

Molitev za ozdravitev in spočetje
Oče, stojim za Tvojo Besedo, ki pravi, da v deželi nihče ne bo nerodovit. Zavračam vsako laž, oltar in duha, ki je namenjen oviranju moje rodovitnosti. Odpuščam sebi in drugim, ki so govorili hudobno o mojem telesu. Prejemam ozdravljenje, obnovo in življenje. Svojo maternico razglašam za rodovitno in svoje veselje za polno. V Jezusovem imenu. Amen.

11. DAN: AVTOIMUNSKE MOTNJE IN KRONIČNA UTRUJENOST – NEVIDNA VOJNA V NAS

» *Hiša, ki je sama proti sebi razdeljena, ne bo obstala.*« — Matej 12:25
»*Šibkim daje moč, tistim, ki nimajo moči, pa povečuje moč.*« — Izaija 40:29

Avtoimunske bolezni so bolezni, pri katerih telo napade samo sebe – lastne celice zamenja za sovražnike. V to skupino spadajo lupus, revmatoidni artritis, multipla skleroza, Hashimotova bolezen in druge.

Sindrom kronične utrujenosti (CFS), fibromialgija in druge nepojasnjene motnje izčrpanosti se pogosto prekrivajo z avtoimunskimi težavami. Toda poleg bioloških težav mnogi, ki trpijo, nosijo čustvene travme, duševne rane in duhovna bremena.

Telo kliče – ne le po zdravilih, ampak po miru. Mnogi so v notranjem boju.

Globalni vpogled

- **Afrika** – Naraščanje števila avtoimunskih diagnoz, povezanih s travmo, onesnaženjem in stresom.
- **Azija** – Visoke stopnje motenj ščitnice, povezane s kulturo zatiranja prednikov in sramu.
- **Evropa in Amerika** – Epidemija kronične utrujenosti in izgorelosti zaradi kulture, ki jo vodi uspešnost.
- **Latinska Amerika** – Bolniki pogosto dobijo napačno diagnozo; stigma in duhovni napadi zaradi razdrobljenosti duše ali prekletstev.

Skrite duhovne korenine

- **Samosovraštvo ali sram** – občutek, da "ni dovolj dober".

- **Neodpuščanje do sebe ali drugih** – imunski sistem posnema duhovno stanje.
- **Nepredelana žalost ali izdaja** – odpira vrata duševni utrujenosti in fizičnemu zlomu.
- **Puščice čarovništva ali ljubosumja** – uporabljajo se za izčrpavanje duhovne in telesne moči.

Resnične zgodbe – Bitke, bojevane v temi
Elena iz Španije

Eleni so po dolgem nasilnem razmerju, ki jo je čustveno zlomilo, diagnosticirali lupus. Med terapijo in molitvijo se je izkazalo, da je ponotranjila sovraštvo in verjela, da je ničvredna. Ko si je začela odpuščati in se soočati z duševnimi ranami s Svetim pismom, so se njeni izbruhi drastično zmanjšali. Pričuje o zdravilni moči Besede in čiščenju duše.

James iz ZDA

James, zagnan direktor podjetja, se je po 20 letih nenehnega stresa zgrudil zaradi sindroma kronične upale ušes. Med odrešitvijo se je razkrilo, da moške v njegovi družini pesti generacijsko prekletstvo prizadevanja brez počitka. Vstopil je v čas sabata, molitve in spovedi ter si povrnil ne le zdravje, temveč tudi identiteto.

Akcijski načrt – Zdravljenje duše in imunskega sistema

1. Vsako jutro na glas **molite Psalm 103:1–5 – še posebej v. 3–5.**
2. **Naštejte svoja notranja prepričanja** – kaj si pravite? Prekinite laži.
3. **Globoko odpustite** – še posebej sebi.
4. **Vzemite obhajilo**, da ponastavite telesno zavezo – glej Izaija 53.
5. **Počivaj v Bogu** – sobota ni neobvezna, ampak je duhovni boj proti izgorelosti.

Izjavljam, da moje telo ni moj sovražnik. Vsaka celica v meni se bo uskladila z božanskim redom in mirom. Prejemam Božjo moč in ozdravitev.

Skupinska prijava

- Naj člani delijo vzorce utrujenosti ali čustvene izčrpanosti, ki jih skrivajo.

- Naredite vajo »odlaganja duše« – zapišite bremena in jih nato simbolično sežgite ali zakopljite.
- Položite roke na tiste, ki trpijo za avtoimunskimi simptomi; ukažite ravnovesje in mir.
- Spodbujajte 7-dnevno beleženje čustvenih sprožilcev in zdravilnih odlomkov iz Svetega pisma.

Orodja ministrstva:

- Eterična olja ali dišeče maziljenje za osvežitev
- Dnevniki ali zvezki
- Glasba za meditacijo Psalma 23

Ključni vpogled
Kar napada dušo, se pogosto manifestira v telesu. Zdravljenje mora priti od znotraj navzven.

Dnevnik refleksije

- Ali se počutim varno v svojem telesu in mislih?
- Ali gojim sram ali krivdo zaradi preteklih neuspehov ali travm?
- Kaj lahko storim, da začnem spoštovati počitek in mir kot duhovni praksi?

Molitev za obnovo
Gospod Jezus , ti si moj Zdravitelj. Danes zavračam vsako laž, da sem zlomljen, umazan ali obsojen na propad. Odpuščam sebi in drugim. Blagoslavljam vsako celico v svojem telesu. Prejemam mir v svoji duši in usklajenost v svojem imunskem sistemu. Po tvojih ranah sem ozdravljen. Amen.

12. DAN: EPILEPSIJA IN DUŠEVNE MUKE – KO UM POSTANE BOJIŠČE

>> *Gospod, usmili se mojega sina, kajti blazen je in zelo trpel, kajti velikokrat pade v ogenj in velikokrat v vodo.«* — Matej 17:15
»Bog nam ni dal duha strahu, ampak moči, ljubezni in razumnosti.« — 2 Timoteju 1:7

Nekatere težave niso le zdravstvene – so duhovna bojišča, prikrita kot bolezen.

Epilepsija, napadi, shizofrenija, bipolarne epizode in vzorci mučenja v umu imajo pogosto nevidne korenine. Čeprav imajo zdravila svoje mesto, je razsodnost ključnega pomena. V mnogih svetopisemskih poročilih so bili napadi in duševni napadi posledica demonskega zatiranja.

Sodobna družba zdravi tisto, kar Jezus pogosto *izganja*.

Globalna resničnost

- **Afrika** – Napadi se pogosto pripisujejo prekletstvom ali duhovom prednikov.
- **Azija** – Epileptiki so pogosto skriti zaradi sramu in duhovne stigme.
- **Latinska Amerika** – Shizofrenija, povezana z generacijskim čarovništvom ali splavljenimi poklici.
- **Evropa in Severna Amerika** – Preveliko diagnosticiranje in prekomerno zdravljenje pogosto prikrivata demonske vzroke.

Resnične zgodbe – Odrešitev v ognju
Musa iz severne Nigerije
Musa je imel epileptične napade že od otroštva. Njegova družina je poskusila vse – od domačih zdravnikov do cerkvenih molitev. Nekega dne je med odrešitveno mašo Duh razodel, da ga je Musin dedek ponudil v čarovniški menjavi. Potem ko je prelomil zavezo in ga mazilil, ni nikoli več imel napada.

Daniel iz Peruja
Danielu so diagnosticirali bipolarno motnjo in se je boril z nasilnimi sanjami in glasovi. Kasneje je odkril, da je bil njegov oče vpleten v skrivne satanske obrede v gorah. Molitve za osvoboditev in tridnevni post sta prinesla jasnost. Glasovi so ponehali. Danes je Daniel miren, okrevan in se pripravlja na duhovniško delo.

Znaki, na katere morate biti pozorni

- Ponavljajoče se epizode napadov brez znanega nevrološkega vzroka.
- Glasovi, halucinacije, nasilne ali samomorilne misli.
- Izguba časa ali spomina, nerazložljiv strah ali telesni krči med molitvijo.
- Družinski vzorci norosti ali samomora.

Akcijski načrt – prevzem oblasti nad umom

1. **Pokesajte se vseh znanih okultnih vezi, travm ali prekletstev.**
2. **Vsak dan polagaj roke na glavo in izpoveduj zdravo pamet (2 Timoteju 1:7).**
3. **Postite se in molite za duhove, ki vam vežejo um.**
4. **Prelomite prisege prednikov, zaveze ali prekletstva krvne linije.**
5. **Če je mogoče, se pridružite močnemu molitvenemu partnerju ali ekipi za osvoboditev.**

Zavračam vsakega duha mučenja, napada in zmede. V Jezusovem imenu prejemam zdrav razum in stabilna čustva!

Skupinska služba in prijava

- Prepoznajte družinske vzorce duševnih bolezni ali napadov.

- Molite za tiste, ki trpijo – na čelo uporabite mazilno olje.
- Naj posredniki hodijo po sobi in vzklikajo: »Mir, utihni!« (Marko 4,39)
- Povabite prizadete, naj prekinejo ustne dogovore: »Nisem nor. Sem ozdravljen in cel.«

Orodja ministrstva:

- Mazilno olje
- Kartice z deklaracijo o zdravljenju
- Glasba čaščenja, ki služi miru in identiteti

Ključni vpogled
Ni vsaka nadloga samo fizična. Nekatere izvirajo iz starodavnih zavez in demonskih pravnih podlag, ki jih je treba obravnavati duhovno.

Dnevnik refleksije

- Ali sem kdaj čutil/a muke v mislih ali spanju?
- Ali obstajajo neozdravljene travme ali duhovna vrata, ki jih moram zapreti?
- Katero resnico lahko vsak dan oznanjam, da bi svoje misli utrdil v Božji besedi?

Molitev za zdravost
Gospod Jezus, ti si Obnovitelj mojega uma. Odpovedujem se vsaki zavezi, travmi ali demonskemu duhu, ki napada moje možgane, čustva in jasnost. Prejemam ozdravljenje in zdrav razum. Odločam se, da bom živel in ne umrl. Deloval bom s polno močjo, v Jezusovem imenu. Amen.

13. DAN: DUH STRAHU – PREBITJE KLETKE NEVIDNEGA MUČENJA

> *Bog nam namreč ni dal duha strahu, ampak moči, ljubezni in razumnosti.«* — 2 Timoteju 1:7
>
> »*Strah pa je mučenje ...«* — 1 Janezovo pismo 4:18
> Strah ni le čustvo – lahko je *duh*.
> Šepeta neuspeh, še preden začneš. Povečuje zavrnitev. Ohromi namen. Ohromi narode.
> Mnogi so v nevidnih zaporih, ki jih je zgradil strah: strah pred smrtjo, neuspehom, revščino, ljudmi, boleznijo, duhovnim bojem in neznanim.
> Za številnimi napadi tesnobe, paničnimi motnjami in iracionalnimi fobijami se skriva duhovna naloga, poslana za **nevtralizacijo usod**.
> **Globalne manifestacije**

- **Afrika** – Strah, zakoreninjen v generacijskih prekletstvih, maščevanju prednikov ali čarovništvu.
- **Azija** – Kulturni sram, karmični strah, tesnoba pred reinkarnacijo.
- **Latinska Amerika** – Strah pred prekletstvi, vaškimi legendami in duhovnim maščevanjem.
- **Evropa in Severna Amerika** – skrita tesnoba, diagnosticirane motnje, strah pred soočenjem, uspehom ali zavrnitvijo – pogosto duhovno, a označeno kot psihološko.

Resnične zgodbe – Razkrivanje duha
Sara iz Kanade
Sarah leta ni mogla spati v temi. Vedno je čutila prisotnost v sobi. Zdravniki so jo diagnosticirali kot tesnobo, vendar nobeno zdravljenje ni delovalo. Med spletno seanso osvoboditve je bilo razkrito, da je otroški strah odprl vrata

mučnemu duhu skozi nočne more in grozljivke. Pokesala se je, se odpovedala strahu in mu ukazala, naj odide. Zdaj spi v miru.

Uche iz Nigerije
Ucheja so poklicali pridigati, a vsakič, ko je stal pred ljudmi, je otrpnil. Strah je bil nenaraven – dušil ga je, ohromil ga je. V molitvi mu je Bog pokazal prekletstvo, ki ga je izrekel učitelj, ki se je kot otroku posmehoval njegovemu glasu. Ta beseda je tvorila duhovno verigo. Ko jo je pretrgal, je začel pogumno pridigati.

Akcijski načrt – premagovanje strahu

1. **Izpovejte vsak strah po imenu** : »V Jezusovem imenu se odpovedujem strahu pred [_____].«
2. **Vsak dan na glas berite Psalm 27 in Izaija 41.**
3. **Častite, dokler mir ne nadomesti panike.**
4. **Hitro se znebite medijev, ki strašijo – grozljivk, novic, tračev.**
5. **Vsak dan izjavljajte** : »Imam zdravo pamet. Nisem suženj strahu.«

Skupinska prijava – Preboj v skupnost

- Vprašajte člane skupine: Kateri strah vas je najbolj ohromil?
- Razdelite se v manjše skupine in vodite molitve **odpovedi** in **nadomestitve** (npr. strah → drznost, tesnoba → samozavest).
- Naj vsak zapiše strah in ga sežge kot preroško dejanje.
- Uporabite *mazilno olje* in *svetopisemske izpovedi* drug nad drugim.

Orodja ministrstva:

- Mazilno olje
- Kartice z izjavo iz Svetega pisma
- Pesem čaščenja: »Nič več sužnjev« od Bethel

Ključni vpogled
Toleriran strah je **okužen z vero**.
Ne moreš biti hkrati pogumen in prestrašen – izberi pogum.
Dnevnik refleksije

- Kateri strah me spremlja že od otroštva?
- Kako je strah vplival na moje odločitve, zdravje ali odnose?
- Kaj bi naredil drugače, če bi bil popolnoma svoboden?

Molitev za osvoboditev od strahu

Oče, odpovedujem se duhu strahu. Zaprem vsa vrata skozi travmo, besede ali greh, ki so strahu omogočila dostop. Sprejemam Duha moči, ljubezni in zdrave pameti. V Jezusovem imenu oznanjam pogum, mir in zmago. Strah nima več mesta v mojem življenju. Amen.

14. DAN: SATANSKI OZNAKI – IZBRISANJE NESVETEGA ŽIGA

» *Odslej naj me nihče ne moti, kajti na svojem telesu nosim znamenja Gospoda Jezusa.* « — Galačanom 6:17

» *Moje ime bodo dajali Izraelovim otrokom in jaz jih bom blagoslovil.* « — Numeri 6:27

Številne usode so v duhovnem svetu tiho *zaznamovane* – ne od Boga, temveč od sovražnika.

Ta satanska znamenja se lahko pojavijo v obliki nenavadnih telesnih znamenj, sanj o tetovažah ali žigosanju, travmatične zlorabe, krvnih ritualov ali podedovanih oltarjev. Nekatera so nevidna – zaznajo jih le duhovna občutljivost – druga pa se kažejo kot fizična znamenja, demonske tetovaže, duhovno žigosanje ali vztrajne slabosti.

Ko je oseba označena sovražnikom, lahko doživi:

- Nenehno zavračanje in sovraštvo brez razloga.
- Ponavljajoči se duhovni napadi in blokade.
- Prezgodnja smrt ali zdravstvene krize v določenih starostnih obdobjih.
- Biti sleden v duhu – vedno viden temi.

Te oznake delujejo kot *legalne oznake*, ki temnim duhovom dajejo dovoljenje za mučenje, zavlačevanje ali spremljanje.

Toda Jezusova kri **očiščuje** in **preoblikuje**.

Globalni izrazi

- **Afrika** – plemenske oznake, ritualni rezi, brazgotine okultnih iniciacij.

- **Azija** – duhovni pečati, simboli prednikov, karmična znamenja.
- **Latinska Amerika** – Brujeria (čarovništvo), iniciacijski znaki, rojstni znaki, ki se uporabljajo v obredih.
- **Evropa** – prostozidarski emblemi, tetovaže, ki prikličejo duhovne vodnike.
- **Severna Amerika** – simboli nove dobe, tetovaže ritualne zlorabe, demonsko žigosanje z okultnimi zavezami.

Resnične zgodbe – Moč preoblikovanja blagovne znamke
David iz Ugande

David se je nenehno soočal z zavrnitvijo. Nihče ni mogel pojasniti, zakaj, kljub njegovemu talentu. V molitvi je prerok na njegovem čelu videl »duhovni X« – znamenje iz otroškega obreda, ki ga je opravil vaški duhovnik. Med odrešitvijo je bilo znamenje duhovno izbrisano z maziljenjem z oljem in izjavami o Jezusovi krvi. Njegovo življenje se je v nekaj tednih spremenilo – poročil se je, dobil službo in postal mladinski voditelj.

Sandra iz Brazilije

Sandra je imela tetovažo zmaja iz svojega najstniškega upora. Potem ko je svoje življenje predala Kristusu, je vsakič, ko se je postila ali molila, opazila intenzivne duhovne napade. Njen pastor je ugotovil, da je tetovaža demonski simbol, povezan z nadzorovanjem duhov. Po seansi kesanja, molitve in notranjega zdravljenja je dala odstraniti tetovažo in prekinila vez duše. Njene nočne more so se takoj ustavile.

Akcijski načrt – Izbriši sled

1. **Prosite Svetega Duha**, naj vam razkrije kakršne koli duhovne ali fizične znake v vašem življenju.
2. **Pokesajte se** za kakršno koli osebno ali podedovano vpletenost v obrede, ki so jim to omogočili.
3. **Nanesite Jezusovo kri** na svoje telo – čelo, roke, noge.
4. **Prekinite duhove, ki spremljajo duhove, vezi z dušami in zakonske pravice,** povezane z znamenji (glejte spodnje svetopisemske odlomke).
5. **Odstranite fizične tetovaže ali predmete** (kot je bilo prikazano), ki so povezani s temnimi zavezami.

Skupinska prijava – Preoblikovanje v Kristusu

- Vprašajte člane skupine: Ste že kdaj imeli blagovno znamko ali sanjali, da bi bili blagovno znamko označeni?
- Vodite molitev **očiščenja in ponovne predanosti** Kristusu.
- Pomazi si čelo z oljem in izjavi: »*Zdaj nosiš znamenje Gospoda Jezusa Kristusa.*«
- Prekinite nadzorne duhove in preusmerite njihovo identiteto v Kristusa.

Orodja ministrstva:

- Olivno olje (blagoslovljeno za maziljenje)
- Ogledalo ali bela krpa (simbolično dejanje pranja)
- obhajilo (zapečati novo identiteto

Ključni vpogled

Kar je v duhu označeno, se **v duhu vidi** – odstranite tisto, s čimer vas je sovražnik označil.

Dnevnik refleksije

- Sem že kdaj videl čudne oznake, modrice ali simbole na svojem telesu brez pojasnila?
- Ali obstajajo predmeti, piercingi ali tetovaže, ki se jih moram odpovedati ali jih odstraniti?
- Sem svoje telo v celoti ponovno posvetil kot tempelj Svetega Duha?

Molitev za prenovo blagovne znamke

Gospod Jezus, odpovedujem se vsakemu znamenju, zavezi in posvetitvi, sklenjeni v mojem telesu ali duhu zunaj Tvoje volje. S Tvojo krvjo brišem vsako satansko znamenje. Izjavljam, da sem zaznamovan samo za Kristusa. Naj bo na meni Tvoj pečat lastništva in naj me zdaj vsak nadzorni duh izgubi. Nisem več viden temi. Hodim svobodno – v Jezusovem imenu, amen.

15. DAN: KRALJESTVO OGLEDAL – POBEG IZ ZAPORA ODSEVOV

> *Zdaj namreč vidimo kot skozi ogledalo, v meglenem ogledalu, takrat pa iz obličja v obličje ...«* — 1 Korinčanom 13:12
> *»Imajo oči, pa ne vidijo, ušesa, pa ne slišijo ...«* — Psalm 115:5–6

obstaja **zrcalno kraljestvo** – kraj *ponarejenih identitet*, duhovnih manipulacij in temnih odsevov. Kar mnogi vidijo v sanjah ali vizijah, so morda zrcala, ki niso od Boga, temveč orodja prevare iz temnega kraljestva.

V okultizmu se ogledala uporabljajo za **lovljenje duš**, **spremljanje življenj** ali **prenos osebnosti**. V nekaterih sejah osvoboditve ljudje poročajo, da se vidijo, kako »živijo« na drugem mestu – v ogledalu, na zaslonu ali za duhovno tančico. To niso halucinacije. Pogosto so to satanski zapori, namenjeni:

- Razdrobi dušo
- Odložitev usode
- Zmeda identitete
- Vodite alternativne duhovne časovnice

Cilj? Ustvariti *lažno različico* sebe, ki živi pod demonskim nadzorom, medtem ko tvoj pravi jaz živi v zmedi ali porazu.

Globalni izrazi

- **Afrika** – Zrcalno čarovništvo, ki ga čarovniki uporabljajo za spremljanje, lovljenje ali napad.
- **Azija** – Šamani uporabljajo sklede z vodo ali polirane kamne, da bi "videli" in priklicali duhove.
- **Evropa** – rituali črnega ogledala, nekromancija skozi odseve.
- **Latinska Amerika** – Kukanje skozi obsidianska ogledala v azteških

tradicijah.
- **Severna Amerika** – zrcalni portali nove dobe, gledanje skozi ogledala za astralna potovanja.

Pričevanje – »Dekle v ogledalu«
Marija iz Filipinov

Marija je sanjala, da je ujeta v sobi, polni ogledal. Vsakič, ko je v življenju napredovala, je v ogledalu videla različico sebe, ki jo je vlečelo nazaj. Neke noči med odrešitvijo je zakričala in opisala, kako se je videla, kako »stopa iz ogledala« v svobodo. Njen pastor ji je mazilil oči in jo vodil k temu, da se je odpovedala manipulaciji z ogledali. Od takrat so se njena miselna jasnost, poslovno in družinsko življenje spremenili.

David iz Škotske

David, nekoč globoko v meditaciji nove dobe, je prakticiral »delo z zrcalno senco«. Sčasoma je začel slišati glasove in se videti, kako počne stvari, ki jih ni nikoli nameraval. Potem ko je sprejel Kristusa, je duhovnik osvoboditve prekinil zrcalne vezi duše in molil nad njegovim umom. David je poročal, da se je prvič po letih počutil, kot da se je »megla dvignila«.

Akcijski načrt – Prekini urok ogledala

1. **Odpovejte se** vsem znanim ali neznanim stikom z ogledali, ki jih uporabljate duhovno.
2. Med molitvijo ali postom (če ga vodite) **pokrijte vsa ogledala v svojem domu s krpo.**
3. **Pomazi si oči in čelo** – izjavi, da zdaj vidiš le to, kar vidi Bog.
4. **Uporabite Sveto pismo**, da razglasite svojo identiteto v Kristusu, ne v lažnem razmišljanju:
   - *Izaija 43:1*
   - *2 Korinčanom 5:17*
   - *Janez 8:36*

SKUPINSKA PRIJAVA – Obnova identitete

- Vprašajte: Ste že kdaj sanjali o ogledalih, dvojnikih ali o tem, da so vas opazovali?
- Vodite molitev za obnovitev identitete – razglasite svobodo od lažnih različic sebe.
- Položite roke na oči (simbolično ali v molitvi) in molite za jasnost vida.
- V skupini uporabite ogledalo in preroško izjavite: »*Sem, za katerega me Bog pravi. Nič drugega.*«

Orodja ministrstva:

- Bela tkanina (ki pokriva simbole)
- Olivno olje za maziljenje
- Vodnik za deklaracijo preroškega ogledala

Ključni vpogled
Sovražnik rad popači tvoj pogled nase – ker je tvoja identiteta tvoja dostopna točka do usode.

Dnevnik refleksije

- Sem verjel lažem o tem, kdo sem?
- Sem kdaj sodeloval/a v zrcalnih ritualih ali nevede dovolil/a zrcalno čarovništvo?
- Kaj Bog pravi o tem, kdo sem?

Molitev za osvoboditev iz zrcalne sfere
Oče v nebesih , prelamljam vsako zavezo z zrcalnim kraljestvom – vsak temni odsev, duhovni dvojnik in ponarejeno časovnico. Odpovedujem se vsem lažnim identitetam. Izjavljam, da sem to, kar praviš, da sem. Po Jezusovi krvi stopim iz zapora odsevov v polnost svojega namena. Od danes vidim z očmi Duha – v resnici in jasnosti. V Jezusovem imenu, amen.

16. DAN: PREKINITEV VEZI BESEDNIH PREKLETSTEV – PONOVNO PRIDOBITE SVOJE IME, SVOJO PRIHODNOST

》*Smrt in življenje sta v oblasti jezika…*《 — Pregovori 18:21
》*Nobeno orožje, narejeno zoper tebe, ne bo uspešno, in vsak jezik, ki se dvigne zoper tebe na sodbi, boš obsodil…*《 — Izaija 54:17

Besede niso le zvoki – so **duhovne posode**, ki nosijo moč blagoslova ali vezanja. Mnogi ljudje nevede hodijo pod **težo prekletstev, ki jih** nad njimi izrekajo starši, učitelji, duhovni voditelji, bivši ljubimci ali celo njihova lastna usta.

Nekateri so to že slišali:

- "Nikoli ne boš dosegel ničesar."
- "Ravno takšen si kot tvoj oče – neuporaben."
- "Vse, česar se dotakneš, odpove."
- "Če te jaz ne morem imeti, te ne bo nihče."
- "Preklet si … glej in boš videl."

Takšne besede, ko jih enkrat izrečemo v jezi, sovraštvu ali strahu – še posebej s strani nekoga na oblasti – lahko postanejo duhovna past. Celo samoizgovorjene prekletstva, kot sta 》*Želim si, da se ne bi nikoli rodil*《 ali 》*Nikoli se ne bom poročil*《, lahko sovražniku dajo pravno podlago.

Globalni izrazi

- **Afrika** – plemenske kletve, starševske kletve zaradi upora, kletve tržnic.
- **Azija** – besedne izjave, ki temeljijo na karmi, zaobljube prednikov,

izrečene nad otroki.
- **Latinska Amerika** – prekletstva Brujeria (čarovništvo), ki se aktivirajo z govorjeno besedo.
- **Evropa** – Izgovorjene uroke, družinske »prerokbe«, ki se same izpolnjujejo.
- **Severna Amerika** – verbalne zlorabe, okultne petje, afirmacije samosovraštva.

Ne glede na to, ali so zašepetane ali zakričane, imajo prekletstva, izrečena s čustvi in prepričanjem, težo v duhu.

Pričevanje – »Ko je moja mama govorila o smrti«
Keisha (Jamajka)

Keisha je odraščala ob poslušanju mame, ki je govorila: »*Ti si razlog, da je moje življenje uničeno.*« Vsak rojstni dan se je zgodilo nekaj slabega. Pri 21 letih je poskušala storiti samomor, prepričana, da njeno življenje nima vrednosti. Med pogrebno slovesnostjo jo je duhovnik vprašal: »*Kdo je govoril o smrti nad tvojim življenjem?*« Zlomila se je. Potem ko se je odpovedala besedam in odpustila, je končno izkusila veselje. Zdaj uči mlada dekleta, kako govoriti o življenju nad sabo.

Andrej (Romunija)

Andrejev učitelj je nekoč rekel: »*Preden boš star 25 let, boš končal v zaporu ali umrl.*« Ta izjava ga je preganjala. Zapletel se je v kriminal in pri 24 letih so ga aretirali. V zaporu je srečal Kristusa in spoznal prekletstvo, s katerim se je strinjal. Učitelju je napisal odpuščalno pismo, raztrgal vsako laž, ki so jo izrekli o njem, in začel oznanjati Božje obljube. Zdaj vodi zaporniško misijo.

Akcijski načrt – Obrni prekletstvo

1. Zapišite si negativne izjave, ki so bile izrečene o vas – s strani drugih ali vas samih.
2. V molitvi **se odpovejte vsaki besedi prekletstva** (izgovorite jo na glas).
3. **Odpusti odpuščanje** osebi, ki je to izrekla.
4. **Izgovarjaj Božjo resnico** o sebi, da prekletstvo zamenjaš z blagoslovom:
    - *Jeremija 29:11*

- *Devteronomij 28:13*
- *Rimljanom 8:37*
- *Psalm 139:14*

Skupinska prijava – Moč besed

- Vprašajte: Katere izjave so oblikovale vašo identiteto – dobre ali slabe?
- V skupinah na glas (z občutljivostjo) izgovorite prekletstva in namesto tega izgovorite blagoslove.
- Uporabite kartice s svetopisemskimi odlomki – vsaka oseba na glas prebere 3 resnice o svoji identiteti.
- Spodbujajte člane, da začnejo s 7-dnevnim *blagoslovnim odlokom* nad seboj.

Orodja ministrstva:

- Kartice z identiteto svetih spisov
- Olivno olje za mazanje ust (posvečanje govora)
- Zrcalne izjave – vsak dan govorite resnico o svojem odsevnem prostoru

Ključni vpogled

Če je bilo izrečeno prekletstvo, ga je mogoče prelomiti – in namesto njega izgovoriti novo besedo življenja.

Dnevnik refleksije

- Čigave besede so oblikovale mojo identiteto?
- Sem se preklinjal zaradi strahu, jeze ali sramu?
- Kaj Bog pravi o moji prihodnosti?

Molitev za prekinitev prekletstva besed

Gospod Jezus, odpovedujem se vsakemu prekletstvu, ki je bilo izrečeno nad mojim življenjem – s strani družine, prijateljev, učiteljev, ljubimcev in celo mene samega. Odpuščam vsakemu glasu, ki je razglašal neuspeh, zavrnitev ali smrt. Zdaj zlomim moč teh besed, v Jezusovem imenu. Izrekam blagoslov, naklonjenost in usodo nad svojim življenjem. Sem, kar praviš, da sem – ljubljen, izbran, ozdravljen in svoboden. V Jezusovem imenu. Amen.

17. DAN: OSVOBODITEV IZPODNJE NADZORA IN MANIPULACIJE

"Čarovništvo niso vedno oblačila in kotli – včasih so to besede, čustva in nevidni povodci."

»Kajti upor je kakor greh čarovništva, trmoglavost pa kakor krivica in malikovanje.«

— 1 Samuel 15:23

Čarovništvo se ne pojavlja le v svetiščih. Pogosto se smehlja in manipulira s krivdo, grožnjami, laskanjem ali strahom. Biblija enači upor – zlasti upor, ki izvaja brezbožni nadzor nad drugimi – s čarovništvom. Kadar koli uporabljamo čustveni, psihološki ali duhovni pritisk, da bi prevladali nad voljo drugega, hodimo po nevarnem ozemlju.

Globalne manifestacije

- **Afrika** – Matere, ki v jezi preklinjajo otroke, ljubimci, ki druge vežejo z "juju" ali ljubezenskimi napoji, duhovni voditelji, ki ustrahujejo svoje privržence.
- **Azija** – Gurujev nadzor nad učenci, starševsko izsiljevanje v dogovorjenih porokah, manipulacije z energijskimi vrvicami.
- **Evropa** – prostozidarske prisege, ki nadzorujejo generacijsko vedenje, versko krivdo in prevlado.
- **Latinska Amerika** – Brujería (čarovništvo) za ohranjanje partnerjev, čustveno izsiljevanje, zakoreninjeno v družinskih prekletstvih.
- **Severna Amerika** – narcisoidno starševstvo, manipulativno vodenje, prikrito kot »duhovna obloga«, prerokbe, ki temeljijo na strahu.

Glas čarovništva pogosto šepeta: »*Če tega ne storiš, me boš izgubil, izgubil boš Božjo naklonjenost ali pa boš trpel.*«

Toda prava ljubezen nikoli ne manipulira. Božji glas vedno prinaša mir, jasnost in svobodo izbire.

Resnična zgodba — Prekinitev nevidnega povodca

Grace iz Kanade je bila globoko vpletena v preroško službo, kjer ji je voditelj začel narekovati, s kom se lahko dobiva, kje lahko živi in celo kako naj moli. Sprva se ji je zdelo duhovno, a sčasoma se je počutila kot ujetnica njegovih mnenj. Kadar koli je poskušala sprejeti samostojno odločitev, so ji rekli, da se »upira Bogu«. Po živčnem zlomu in branju knjige *Greater Exploits 14* je spoznala, da gre za karizmatično čarovništvo – nadzor, ki se preobleka v prerokbo.

Grace se je odpovedala duhovni vezi s svojim duhovnim voditeljem, se pokesala lastnega strinjanja z manipulacijo in se pridružila lokalni skupnosti za ozdravitev. Danes je zdrava in pomaga drugim, da se izvlečejo iz verske zlorabe.

Akcijski načrt – Prepoznavanje čarovništva v odnosih

1. Vprašajte se: *Ali se ob tej osebi počutim svobodno ali se bojim, da jo bom razočaral?*
2. Naštejte odnose, v katerih se krivda, grožnje ali laskanje uporabljajo kot orodja nadzora.
3. Odpovejte se vsaki čustveni, duhovni ali duševni vezi, zaradi katere se počutite prevladujoče ali brez glasu.
4. Glasno molite, da bi pretrgali vsako manipulativno vrvico v svojem življenju.

Orodja za Sveto pismo

- **1 Samuel 15:23** – Upor in čarovništvo
- **Galačanom 5:1** – »Ostanite trdni ... ne dajte se spet obremenjevati z jarmom suženjstva.«
- **2 Korinčanom 3:17** – »Kjer je Gospodov Duh, tam je svoboda.«
- **Miha 3:5–7** – Lažni preroki uporabljajo ustrahovanje in podkupovanje

Skupinska razprava in uporaba

- Delite (anonimno, če je potrebno) trenutek, ko ste se počutili duhovno ali čustveno manipulirane.
- Zaigrajte molitev, ki »govori resnico« – sprostite nadzor nad drugimi in si povrnite svojo voljo.
- Naj člani napišejo pisma (resnična ali simbolična), v katerih prekinejo vezi z vplivnimi osebami in razglasijo svobodo v Kristusu.

Orodja ministrstva:

- Združite partnerje za osvoboditev.
- Uporabite mazilno olje, da razglasite svobodo nad umom in voljo.
- Uporabite obhajilo za ponovno vzpostavitev zaveze s Kristusom kot *edino pravo pokrivalo*.

Ključni vpogled
Kjer živi manipulacija, uspeva čarovništvo. Kjer pa je Božji Duh, tam je svoboda.

Dnevnik refleksije

- Komu ali čemu sem dovolil/a, da nadzoruje moj glas, voljo ali smer?
- Sem kdaj uporabil/a strah ali laskanje, da bi dosegel/a svoje?
- Katere korake bom danes naredil/a, da bi hodil/a v Kristusovi svobodi?

Molitev za odrešitev
Nebeški Oče, odpovedujem se vsaki obliki čustvene, duhovne in psihološke manipulacije, ki deluje v meni ali okoli mene. Prekinjam vsako dušno vez, ki je zakoreninjena v strahu, krivdi in nadzoru. Osvobajam se upora, prevlade in ustrahovanja. Izjavljam, da me vodi samo Tvoj Duh. Prejemam milost, da hodim v ljubezni, resnici in svobodi. V Jezusovem imenu. Amen.

18. DAN: ZLOMITEV MOČI NEODPUŠČANJA IN GRENKOSTI

"Neodpuščanje je kot piti strup in pričakovati, da bo druga oseba umrla."

»Pazite ... da ne požene nobena grenka korenina, ki bi povzročila težave in oskrunila mnoge.«

— *Hebrejcem 12:15*

Grenkoba je tihi uničevalec. Lahko se začne z bolečino – izdajo, lažjo, izgubo – toda če je ne nadzorujemo, se razvije v neodpuščanje in končno v korenino, ki zastrupi vse.

Neodpuščanje odpira vrata mučnim duhovom (Matej 18,34). Zameglјuje razločevanje, ovira ozdravlјenje, duši vaše molitve in blokira pretok Božje moči.

Osvoboditev ni le izganjanje demonov – gre za to, da se osvobodite tistega, kar zadržujete v sebi.

GLOBALNI IZRAZI GRENKOBE

- **Afrika** – Plemenske vojne, politično nasilje in družinske izdaje so se prenašale iz roda v rod.
- **Azija** – Nečast med starši in otroki, rane zaradi kast, verske izdaje.
- **Evropa** – Generacijski molk zaradi zlorabe, grenkoba zaradi ločitve ali nezvestobe.
- **Latinska Amerika** – rane zaradi koruptivnih institucij, zavrnitve družine, duhovne manipulacije.
- **Severna Amerika** – bolečina v Cerkvi, rasna travma, odsotni očetje, krivica na delovnem mestu.

Grenkoba ne kriči vedno. Včasih šepeta: "Nikoli ne bom pozabil, kaj so storili."

Bog pa pravi: *Pustite to – ne zato, ker si to zaslužijo, ampak zato, ker si to zaslužite **vi***.

Resnična zgodba – Ženska, ki ni hotela odpustiti

Maria iz Brazilije je bila stara 45 let, ko je prvič prišla po odrešitev. Vsako noč je sanjala, da jo davijo. Imela je razjede, visok krvni tlak in depresijo. Med seanso se je razkrilo, da je gojila sovraštvo do očeta, ki jo je kot otroka zlorabljal – in kasneje zapustil družino.

Postala je kristjanka, a mu ni nikoli odpustila.

Ko je jokala in ga izpustila pred Bogom, se je njeno telo zgrčilo – nekaj se je zlomilo. Tisto noč je prvič po 20 letih mirno spala. Dva meseca pozneje se je njeno zdravje začelo drastično izboljševati. Zdaj deli svojo zgodbo kot zdravilna trenerka za ženske.

Akcijski načrt – Izpulitev grenke korenine

1. **Poimenujte to** – Zapišite imena tistih, ki so vas prizadeli – celo vas same ali Boga (če ste bili nanj na skrivaj jezni).
2. **Sprostite se** – Na glas izgovorite: »*Odločil/a sem se, da bom [ime] odpustil/a za [določen prekršek]. Sprostim se in osvobajam sebe.*«
3. **Zažgite ga** – Če je varno, papir zažgite ali raztrgajte kot preroško dejanje osvoboditve.
4. **Molite za blagoslov** za tiste, ki so vam storili krivico – tudi če se vam čustva upirajo. To je duhovni boj.

Orodja za Sveto pismo

- *Matej 18:21–35* – Prilika o neusmiljenem služabniku
- *Hebrejcem 12:15* – Grenke korenine oskrunijo mnoge
- *Marko 11:25* – Odpusti, da ne bodo ovirane tvoje molitve
- *Rimljanom 12:19–21* – Maščevanje prepustite Bogu

PRIJAVA SKUPINE IN ministrstvo

- Prosite vsako osebo (zasebno ali pisno), naj imenuje nekoga, ki mu težko odpušča.
- Razdelite se v molitvene skupine in se s pomočjo spodnje molitve sprehodite skozi proces odpuščanja.
- Vodite preroško »žganje«, kjer se zapisane žalitve uničijo in nadomestijo z izjavami o ozdravitvi.

Orodja ministrstva:

- Kartice z izjavo o odpuščanju
- Mehka instrumentalna glasba ali nasičeno čaščenje
- Olje veselja (za maziljenje po odpustu)

Ključni vpogled
Neodpuščanje so vrata, ki jih sovražnik izkorišča. Odpuščanje je meč, ki prereže vrv suženjstva.

Dnevnik refleksije

- Komu moram danes odpustiti?
- Sem si odpustil /a – ali se kaznujem za pretekle napake?
- Ali verjamem, da lahko Bog povrne tisto, kar sem izgubil zaradi izdaje ali užaljenosti?

Molitev za odpustitev
Gospod Jezus, predte prihajam s svojo bolečino, jezo in spomini. Danes se odločam – z vero – odpustiti vsem, ki so me prizadeli, zlorabili, izdali ali zavrnili. Odpuščam jim. Osvobajam jih sodbe in sebe osvobajam grenkobe. Prosim te, da ozdraviš vsako rano in me napolniš s svojim mirom. V Jezusovem imenu. Amen.

19. DAN: OZDRAVLJENJE OD SRAMOTE IN OBSODBE

„*Sram pravi: 'Slab sem.' Obsodba pravi: 'Nikoli ne bom svoboden.' Jezus pa pravi: 'Ti si moj in jaz sem te ustvaril novega.'*"

»Tisti, ki ga gledajo, žarijo, njihovi obrazi niso nikoli prekriti s sramoto.«

— *Psalm 34:5*

Sram ni le občutek – je strategija sovražnika. Je plašč, s katerim ovija tiste, ki so padli, spodleteli ali so bili zlorabljeni. Pravi: »Ne moreš se približati Bogu. Preveč si umazan. Preveč poškodovan. Preveč kriv.«

Toda obsodba je **laž** – ker v Kristusu **ni obsodbe** (Rimljanom 8,1).

Mnogi ljudje, ki iščejo odrešitev, ostanejo obtičali, ker verjamejo, da niso **vredni svobode**. Krivdo nosijo kot značko in svoje najhujše napake ponavljajo kot pokvarjeno ploščo.

Jezus ni plačal samo za tvoje grehe – plačal je za tvojo sramoto.

Globalni obrazi sramu

- **Afrika** – Kulturni tabuji glede posilstva, neplodnosti, brezplodnosti ali neuspeha pri poroki.
- **Azija** – Sram zaradi nečasti, ki jo povzročajo družinska pričakovanja ali versko odpadništvo.
- **Latinska Amerika** – krivda zaradi splavov, okultizma ali družinske sramote.
- **Evropa** – Skrita sramota zaradi skrivnih grehov, zlorabe ali težav z duševnim zdravjem.
- **Severna Amerika** – Sram zaradi odvisnosti, ločitve, pornografije ali zmede identitete.

Sram uspeva v tišini – a umre v luči Božje ljubezni.

Resnična zgodba – novo ime po splavu

Jasmine iz ZDA je imela tri splave, preden je prišla h Kristusu. Čeprav je bila odrešena, si ni mogla odpustiti. Vsak materinski dan se ji je zdel kot prekletstvo. Ko so ljudje govorili o otrocih ali starševstvu, se je počutila nevidno – in še huje, nevredno.

Med ženskimi duhovnimi vajami je slišala sporočilo o Izaiju 61 – »namesto sramu dvojni delež«. Jokala je. Tisto noč je pisala pisma svojim nerojenim otrokom, se ponovno pokesala pred Gospodom in prejela videnje, v katerem ji je Jezus dal nova imena: »*Ljubljena«, »Mati«, »Obnovljena«.*

Zdaj skrbi za ženske po splavu in jim pomaga, da si povrnejo svojo identiteto v Kristusu.

Akcijski načrt – Stopite iz sence

1. **Poimenujte sramoto** – Zapišite si, kaj ste skrivali ali zaradi česar ste se počutili krive.
2. **Priznaj laž** – Zapiši obtožbe, ki si jim verjel (npr. »Sem umazan«, »Diskvalifikiran sem«).
3. **Zamenjaj z Resnico** – Na glas oznanjaj Božjo besedo nad seboj (glej spodaj navedene odlomke iz Svetega pisma).
4. **Preroško dejanje** – Na list papirja napišite besedo »SRAMOTA«, nato pa ga raztrgajte ali sežgite. Izjavite: »*To me ne veže več!*«

Orodja za Sveto pismo

- *Rimljanom 8:1–2* – V Kristusu ni obsodbe
- *Izaija 61:7* – Dvojni delež za sramoto
- *Psalm 34:5* – Sijaj v njegovi navzočnosti
- *Hebrejcem 4:16* – Drzen dostop do Božjega prestola
- *Zefanija 3:19–20* – Bog odstrani sramoto med narodi

Prijava skupine in ministrstvo

- Udeležence povabite, naj napišejo anonimne izjave sramu (npr. »Imela sem splav«, »Bila sem zlorabljena«, »Zagrešila sem goljufijo«) in jih odložijo v zaprto škatlo.
- Na glas preberite Izaija 61 in nato vodite molitev za zamenjavo – žalovanje za veselje, pepel za lepoto, sramota za čast.
- Predvajajte glasbo za čaščenje, ki poudarja identiteto v Kristusu.
- Izgovorite preroške besede nad posamezniki, ki so pripravljeni odpustiti.

Orodja ministrstva:

- Izkaznice za identifikacijo
- Mazilno olje
- Seznam predvajanja za čaščenje s pesmimi, kot so »You Say« (Lauren Daigle), »No Longer Slaves« ali »Who You Say I Am«

Ključni vpogled
Sram je tat. Ukrade ti glas, veselje in avtoriteto. Jezus ti ni samo odpustil grehov – sramu je odvzel njegovo moč.

Dnevnik refleksije

- Kateri je najzgodnejši spomin na sram, ki se ga spomnim?
- Kateri laži sem verjel o sebi?
- Sem pripravljen/a videti sebe, kot me vidi Bog – čistega/o, sijočega/o in izbranega/o?

Molitev za ozdravitev
Gospod Jezus, prinašam Ti svojo sramoto, svojo skrito bolečino in vsak glas obsodbe. Kesam se, da sem se strinjal s sovražnikovimi lažmi o tem, kdo sem. Odločam se verjeti temu, kar praviš – da mi je odpuščeno, da sem ljubljen in da sem prenovljen. Sprejemam Tvojo obleko pravičnosti in stopim v svobodo. Odhajam iz sramu in hodim v Tvojo slavo. V Jezusovem imenu, amen.

20. DAN: DOMAČE ČAROVNIŠTVO – KO TEMA ŽIVI POD ISTO STREHO

"Ni vsak sovražnik zunaj. Nekateri imajo znane obraze."
»Sovražniki človeka bodo njegovi domači.«
— *Matej 10:36*

Nekateri najhujši duhovni boji se ne bijejo v gozdovih ali svetiščih – temveč v spalnicah, kuhinjah in družinskih oltarjih.

Čarovništvo v gospodinjstvu se nanaša na demonske operacije, ki izvirajo iz družine – staršev, zakoncev, bratov in sester, hišnega osebja ali širših sorodnikov – skozi zavist, okultne prakse, oltarje prednikov ali neposredno duhovno manipulacijo.

Osvoboditev postane zapletena, ko so vpleteni ljudje **tisti, ki jih imamo radi ali z njimi živimo**.

Svetovni primeri čarovništva v gospodinjstvu

- **Afrika** – Ljubosumna mačeha pošilja prekletstva s hrano; brat prikliče duhove proti uspešnejšemu bratu.
- **Indija in Nepal** – Matere otroke ob rojstvu posvetijo božanstvom; domači oltarji se uporabljajo za nadzor nad usodo.
- **Latinska Amerika** – Brujeria ali Santeria, ki so jo sorodniki na skrivaj izvajali za manipulacijo zakoncev ali otrok.
- **Evropa** – Skrito prostozidarstvo ali okultne prisege v družinskih linijah; psihične ali spiritualistične tradicije, ki se prenašajo iz roda v rod.
- **Severna Amerika** – Wiccanski ali new age starši »blagoslovijo« svoje otroke s kristali, energijskim čiščenjem ali tarotom.

Te moči se morda skrivajo za družinsko naklonjenostjo, vendar je njihov cilj nadzor, stagnacija, bolezen in duhovna vezanost.

Resnična zgodba – Moj oče, prerok vasi

Ženska iz Zahodne Afrike je odraščala v domu, kjer je bil njen oče zelo spoštovan vaški prerok. Za zunanje opazovalce je bil duhovni vodnik. Za zaprtimi vrati je v posestvu zakopaval amulete in daroval žrtve v imenu družin, ki so si želele naklonjenosti ali maščevanja.

V njenem življenju so se pojavili čudni vzorci: ponavljajoče se nočne more, neuspešne zveze in nerazložljive bolezni. Ko je svoje življenje predala Kristusu, se je njen oče obrnil proti njej in izjavil, da brez njegove pomoči ne bo nikoli uspela. Njeno življenje se je leta vrtelo v vrtincu.

Po mesecih polnočnih molitev in posta jo je Sveti Duh vodil k temu, da se je odpovedala vsaki duhovni vezi z očetovim okultnim plaščem. V svoje zidove je zakopala svete spise, sežigala stare žetone in vsak dan mazilila svoj prag. Počasi so se začeli preboji: njeno zdravje se je povrnilo, njene sanje so se razjasnile in končno se je poročila. Zdaj pomaga drugim ženskam, ki se soočajo z domačimi oltarji.

Akcijski načrt – Soočenje z znanim duhom

1. **Razločevati brez sramote** – Prositi Boga, naj razkrije skrite moči brez sovraštva.
2. **Prekinite duhovne dogovore** – Odpovejte se vsaki duhovni vezi, sklenjeni z rituali, oltarji ali izgovorjenimi prisegami.
3. **Duhovna ločenost** – Tudi če živite v isti hiši, se lahko **duhovno odklopite** z molitvijo.
4. **Posvetite svoj prostor** – Vsako sobo, predmet in prag pomazilite z oljem in svetopisemskimi besedili.

Orodja za Sveto pismo

- *Miha 7:5–7* – Ne zaupaj bližnjemu
- *Psalm 27:10* – »Čeprav me oče in mati zapustita ...«
- *Luka 14:26* – Ljubiti Kristusa bolj kot družino
- *2 kraljev 11:1–3* – Skrita rešitev pred morilsko kraljico materjo
- *Izaija 54:17* – Nobeno izdelano orožje ne bo uspelo

Skupinska prijava

- Delite izkušnje, ko je nasprotovanje prihajalo iz družine.
- Molite za modrost, pogum in ljubezen kljub odporom v družini.
- Vodite molitev odpovedi vsaki duhovni vezi ali izgovorjenemu prekletstvu, ki ga izrečejo sorodniki.

Orodja ministrstva:

- Mazilno olje
- Izjave o odpuščanju
- Molitve za osvoboditev zaveze
- Psalm 91, molitvena obloga

Ključni vpogled
Krvna linija je lahko blagoslov ali bojno polje. Poklicani ste, da jo odkupite, ne da vam vlada.

Dnevnik refleksije

- Sem kdaj doživel duhovni odpor s strani bližnje osebe?
- Ali obstaja nekdo, ki mu moram odpustiti – tudi če še vedno deluje v čarovništvu?
- Sem pripravljen/a biti ločen/a, tudi če me to stane odnosov?

Molitev za ločitev in zaščito
Oče, priznavam, da lahko največje nasprotovanje pride od tistih, ki so mi najbližji. Odpuščam vsakemu članu gospodinjstva, ki zavedno ali nezavedno deluje proti moji usodi. Prekinjam vsako duhovno vez, prekletstvo in zavezo, sklenjeno skozi mojo družinsko linijo, ki ni v skladu s Tvojim kraljestvom. S krvjo Jezusa posvečujem svoj dom in izjavljam: jaz in moja hiša bova služila Gospodu. Amen.

21. DAN: JEZABELIN DUH – ZAPELJIVANJE, NADZOR IN VERSKA MANIPULACIJA

>> *Vendar imam tole zoper tebe: prenašaš ženo Jezabelo, ki se imenuje prerokinja. S svojim naukom zavaja ...«* — Razodetje 2:20
»Njen konec bo prišel nenadoma, brez zdravila.« — Pregovori 6:15
Nekateri duhovi kričijo od zunaj.
Jezabela šepeta od znotraj.
Ne samo, da skuša – **uzurpira, manipulira in kvari**, zaradi česar so ministrstva uničena, zakoni zadušeni, narodi pa zapeljani v upor.
Kaj je Jezabelin duh?
Jezabelin duh:

- Posnema prerokbo, da bi zavajala
- Uporablja šarm in zapeljevanje za nadzor
- Sovraži resnično avtoriteto in utiša preroke
- Za lažno ponižnostjo prikriva ponos
- Pogosto se naveže na vodstvo ali tiste, ki so mu blizu

Ta duh lahko deluje skozi **moške ali ženske** in uspeva tam, kjer nenadzorovana moč, ambicija ali zavrnitev ostanejo neozdravljeni.
Globalne manifestacije

- **Afrika** – Lažne prerokinje, ki manipulirajo z oltarji in s strahom zahtevajo zvestobo.
- **Azija** – Verski mistiki mešajo zapeljevanje z vizijami, da bi prevladovali v duhovnih krogih.
- **Evropa** – Kulti starodavnih boginj so se v praksah nove dobe obudili

pod imenom opolnomočenja.
- **Latinska Amerika** – svečenice santerije, ki imajo nadzor nad družinami s pomočjo »duhovnih nasvetov«.
- **Severna Amerika** – vplivneži na družbenih omrežjih, ki promovirajo »božansko ženstvenost«, hkrati pa se posmehujejo biblijski podrejenosti, avtoriteti ali čistosti.

Resnična zgodba: *Jezabela, ki je sedela na oltarju*
V karibski državi je cerkev, ki je gorela za Boga, začela počasi in neopazno ugasniti. Skupina zagovornikov, ki se je nekoč srečevala k polnočnim molitvam, se je začela razkropiti. Mladinsko delo je zapadlo v škandal. Zakoni v cerkvi so začeli propadati, nekoč ognjevit pastor pa je postal neodločen in duhovno utrujen.

V središču vsega je bila ženska – **sestra R.** Lepa, karizmatična in radodarna, ki so jo mnogi občudovali. Vedno je imela »Gospodovo besedo« in sanjala o usodi vseh drugih. Radodarno je dajala za cerkvene projekte in si prislužila mesto blizu pastorja.

V zakulisju je subtilno **obrekovala druge ženske**, zapeljala mlajšega pastorja in sejala semena razdora. Postavila se je kot duhovna avtoriteta, medtem ko je tiho spodkopavala dejansko vodstvo.

Neke noči je najstnica v cerkvi imela žive sanje – videla je kačo, zvito pod prižnico, ki je šepetala v mikrofon. Prestrašena je sanje povedala svoji materi, ki jih je prinesla pastorju.

Vodstvo se je odločilo za **tridnevni post,** da bi poiskalo Božje vodstvo. Tretji dan je sestra R med molitvijo začela nasilno manifestirati svoje misli. Sikala je, kričala in druge obtoževala čarovništva. Sledila je mogočna osvoboditev in priznala je: v poznih najstniških letih je bila posvečena v duhovni red z nalogo, da **se infiltrira v cerkve in jim »ukrade ogenj«.**

Pred to je bila že v **petih cerkvah**. Njeno orožje ni bilo glasno – bilo je **laskanje, zapeljevanje, čustveni nadzor** in preroška manipulacija.

Danes je ta cerkev obnovila svoj oltar. Prižnica je bila ponovno posvečena. In tista mlada najstnica? Zdaj je ognjevita evangelistka, ki vodi žensko molitveno gibanje.

Akcijski načrt – Kako se soočiti z Jezabelo

1. **Pokesajte se** za kakršen koli način sodelovanja pri manipulaciji, spolnem nadzoru ali duhovnem ponosu.
2. **Prepoznajte** Jezabeline lastnosti – laskanje, upor, zapeljevanje, lažne prerokbe.
3. **prekinite duhovne vezi** in nesveta zavezništva – še posebej z vsakim, ki vas odvrača od Božjega glasu.
4. **Izrazite svojo avtoriteto** v Kristusu. Jezabela se boji tistih, ki vedo, kdo so.

Arsenal Svetega pisma:

- 1 Kralji 18–21 – Jezabela proti Eliju
- Razodetje 2:18–29 – Kristusovo svarilo Tiatiri
- Pregovori 6:16–19 – Kar Bog sovraži
- Galačanom 5:19–21 – Dela mesa

Skupinska prijava

- Pogovorite se: Ste že kdaj bili priča duhovni manipulaciji? Kako se je prikrivala?
- Kot skupina razglasite politiko »brez tolerance« do Jezabele – v cerkvi, doma ali pri vodenju.
- Če je potrebno, izmolite **molitev za odrešitev** ali se postite, da bi prekinili njen vpliv.
- Ponovno posvetite vsako službo ali oltar, ki je bil ogrožen.

Orodja za služenje:
Uporabite mazilno olje. Ustvarite prostor za spoved in odpuščanje. Pojte pesmi čaščenja, ki oznanjajo **Jezusovo Gospodstvo.**

Ključni vpogled
Jezabela uspeva tam, kjer **je razsodnost nizka** in **toleranca visoka** . Njena vladavina se konča, ko se prebudi duhovna avtoriteta.

Dnevnik refleksije

- Sem dovolil/a, da me vodi manipulacija?

- Ali obstajajo ljudje ali vplivi, ki sem jih povzdignil nad Božji glas?
- Sem zaradi strahu ali nadzora utišal svoj preroški glas?

Molitev za odrešitev

Gospod Jezus, odpovedujem se vsakemu zavezništvu z Jezabelinim duhom. Zavračam zapeljevanje, nadzor, lažne prerokbe in manipulacije. Očisti moje srce ponosa, strahu in kompromisov. Jemljem nazaj svojo avtoriteto. Naj se poruši vsak oltar, ki ga je Jezabela zgradila v mojem življenju. Ustoliči te, Jezus, za Gospoda nad mojimi odnosi, poklicanostjo in službo. Napolni me z razločevanjem in pogumom. V tvojem imenu, amen.

22. DAN: PITONI IN MOLITVE – ZLOMITEV DUHA OMEJITVE

> *Nekoč, ko smo šli na molilnico, nas je srečala sužnja, ki je imela duha pitona ...«* — Apostolska dela 16:16
> *»Stopil boš na leva in gada ...«* — Psalm 91:13

Obstaja duh, ki ne grize – **stisne**.

Duši tvoj ogenj. Ovija se okoli tvojega molitvenega življenja, tvojega diha, tvojega čaščenja, tvoje discipline – dokler ne začneš obupati nad tem, kar ti je nekoč dajalo moč.

To je duh **Pitona** – demonska sila, ki **omejuje duhovno rast, odlaša z usodo, duši molitev in ponareja prerokbe**.

Globalne manifestacije

- **Afrika** – Duh pitona se pojavlja kot lažna preroška sila, ki deluje v morskih in gozdnih svetiščih.
- **Azija** – Kačje duhove so častili kot božanstva, ki jih je treba nahraniti ali pomiriti.
- **Latinska Amerika** – Santeria kačasti oltarji, ki se uporabljajo za bogastvo, poželenje in moč.
- **Evropa** – Simboli kač v čarovništvu, vedeževanju in jasnovidnih krogih.
- **Severna Amerika** – Ponarejeni »preroški« glasovi, ki temeljijo na uporu in duhovni zmedi.

Pričevanje: *Dekle, ki ni moglo dihati*

Marisol iz Kolumbije je vsakič, ko je pokleknila k molitvi, začela čutiti kratko sapo. Prsni koš se ji je stisnilo. Sanje so ji bile polne podob kač, ki so se ji ovijale okoli vratu ali počivale pod posteljo. Zdravniki niso ugotovili nobenih zdravstvenih težav.

Nekega dne je njena babica priznala, da je bila Marisol kot otrok »posvečena« gorskemu duhu, znanemu po tem, da se pojavlja kot kača. Bil je **»duh zaščitnik«**, vendar je imel svojo ceno.

Med sestankom za osvoboditev je Marisol začela silovito kričati, ko so nanjo položili roke. Začutila je, kako se je nekaj premaknilo v njenem trebuhu, navzgor po prsih in nato iz njenih ust, kot da bi iz nje izstopal zrak.

Po tem srečanju je zasoplost prenehala. Njene sanje so se spremenile. Začela je voditi molitvene sestanke – prav tisto, kar ji je sovražnik nekoč poskušal iztisniti iz srca.

Znaki, da ste morda pod vplivom duha pitona

- Utrujenost in občutek teže vsakič, ko poskušate moliti ali častiti
- Preroška zmeda ali varljive sanje
- Stalni občutki zadušitve, blokade ali zvezanosti
- Depresija ali obup brez očitnega razloga
- Izguba duhovne želje ali motivacije

Akcijski načrt – Odprava zožitve

1. **Pokesajte se** za kakršno koli okultno, psihično ali vpletenost prednikov.
2. **Razglasite svoje telo in duha za samo Božja.**
3. **Post in vojska** z uporabo Izaija 27:1 in Psalma 91:13.
4. **Pomazi si grlo, prsi in noge** – zahtevaj svobodo govora, dihanja in hoje v resnici.

Svetopisemski odlomki o odrešitvi:

- Apostolska dela 16:16–18 – Pavel izžene duha pitona
- Izaija 27:1 – Bog kaznuje Leviatana, bežečo kačo
- Psalm 91 – Zaščita in avtoriteta
- Luka 10:19 – Moč teptanja kač in škorpijonov

SKUPINSKA PRIJAVA

- Vprašajte se: Kaj duši naše molitveno življenje – osebno in skupno?
- Vodite skupinsko dihalno molitev – razglasite **Božji dih** (Ruah) nad vsakim članom.
- V čaščenju in posredovanju zlomite vsak lažni preroški vpliv ali kačji pritisk.

Orodja za ministrstvo: Čaščenje s flavtami ali dihalnimi instrumenti, simbolično rezanje vrvi, molitvene rute za svobodo dihanja.

Ključni vpogled
Pitonov duh duši tisto, kar Bog želi roditi. Z njim se je treba soočiti, da si povrneš sapo in pogum.

Dnevnik refleksije

- Kdaj sem se nazadnje počutil popolnoma svobodnega v molitvi?
- Ali obstajajo znaki duhovne utrujenosti, ki sem jih ignoriral/a?
- Sem nevede sprejel »duhovni nasvet«, ki je prinesel še večjo zmedo?

Molitev za odrešitev
Oče, v Jezusovem imenu zlomim vsakega omejujočega duha, ki je namenjen dušiti moj namen. Odpovedujem se duhu pitona in vsem lažnim preroškim glasovom. Sprejemam dih Tvojega Duha in izjavljam: Dihal bom svobodno, pogumno molil in hodil pokonci. Vsaka kača, ki se ovija okoli mojega življenja, je odrezana in izgnana. Zdaj prejemam odrešitev. Amen.

23. DAN: PRESTOLI KRIVIČNOSTI – RUŠENJE TERITORIALNIH TRDNJAV

>> *Ali bo imel prestol krivice, ki snuje hudobijo po postavi, skupnost s teboj?«* — Psalm 94:20

»Ne bojujemo se proti krvi in mesu, ampak proti ... oblastnikom teme ...« — Efežanom 6:12

Obstajajo nevidni **prestoli** – ustanovljeni v mestih, narodih, družinah in sistemih – kjer demonske sile **zakonito vladajo** prek zavez, zakonodaje, malikovanja in dolgotrajnega upora.

To niso naključni napadi. To so **ustoličene oblasti**, globoko zakoreninjene v strukturah, ki ohranjajo zlo skozi generacije.

Dokler ti prestoli ne bodo **duhovno razstavljeni**, bodo cikli teme vztrajali – ne glede na to, koliko molitev se bo izreklo na površinski ravni.

Globalne trdnjave in prestoli

- **Afrika** – Prestoli čarovništva v kraljevih krvnih linijah in tradicionalnih svetih.
- **Evropa** – prestoli sekularizma, prostozidarstva in legaliziranega upora.
- **Azija** – Prestoli malikovanja v templjih prednikov in političnih dinastijah.
- **Latinska Amerika** – prestoli narkoterorizma, kultov smrti in korupcije.
- **Severna Amerika** – prestoli perverznosti, splava in rasnega zatiranja.

Ti prestoli vplivajo na odločitve, zatirajo resnico in **požirajo usode**.

Pričevanje: *Osvoboditev mestnega svetnika*

V nekem mestu v južni Afriki je novoizvoljeni krščanski svetnik odkril, da so vsi funkcionarji pred njim bodisi znoreli, se ločili bodisi nenadoma umrli.

Po dnevih molitve je Gospod razodel **prestol krvave žrtve,** zakopan pod občinsko stavbo. Lokalni vedeževalec je že zdavnaj vanj vstavil amulete kot del ozemeljskih zahtev.

Svetnik je zbral molivce, se postil in ob polnoči v sejni sobi imel bogoslužje. Tri noči so uslužbenci poročali o čudnih krikih v stenah in utripanju elektrike.

V enem tednu so se začela priznanja. Razkrite so bile koruptivne pogodbe in v nekaj mesecih so se javne storitve izboljšale. Prestol je padel.

Akcijski načrt – Zničevanje teme

1. **Določite prestol** – prosite Gospoda, naj vam pokaže teritorialne trdnjave v vašem mestu, pisarni, krvni liniji ali regiji.
2. **Pokesajte se za deželo** (posredniška prošnja v slogu Daniela 9).
3. **Čaščite strateško** – prestoli se podrejo, ko prevzame Božja slava (glej 2 Krn 20).
4. **Razglasite Jezusovo ime** za edinega pravega kralja nad to oblastjo.

Sidrni svetopisemski odlomki:

- Psalm 94:20 – Prestoli krivice
- Efežanom 6:12 – Vladarji in oblasti
- Izaija 28:6 – Duh pravičnosti za tiste, ki se bojujejo
- 2 Kralji 23 – Jošija uniči malikovalske oltarje in prestole

SKUPINSKA ANGAŽIRANOST

- Izvedite seanso »duhovnega zemljevida« vaše soseske ali mesta.
- Vprašajte: Kakšni so tukaj cikli greha, bolečine ali zatiranja?
- Določite »stražarje«, ki bodo tedensko molili na ključnih lokacijah pri vratih: šolah, sodiščih, tržnicah.
- Vodite skupinske odloke proti duhovnim vladarjem z uporabo Psalma 149:5–9.

Ministrska orodja: šofarji, mestni zemljevidi, olivno olje za posvetitev tal, vodniki za molitvene hoje.

Ključni vpogled

Če želite videti preobrazbo v svojem mestu, **morate izzvati prestol za sistemom** – ne le obraz pred njim.

Dnevnik refleksije

- Ali se v mojem mestu ali družini ponavljajo bitke, ki se zdijo večje od mene?
- Sem podedoval boj proti prestolu, ki ga nisem ustoličil?
- Katere »vladarje« je treba v molitvi odstaviti?

Molitev vojne

Gospod, razkrij vsak prestol krivice, ki vlada na mojem ozemlju. Izpovedujem ime Jezusa kot edinega Kralja! Naj se vsak skriti oltar, zakon, pogodba ali moč, ki vsiljuje temo, razblini z ognjem. Zavzemam svoje mesto kot posrednik. S krvjo Jagnjeta in besedo svojega pričevanja podiram prestole in postavljam Kristusa na prestol nad svojim domom, mestom in narodom. V Jezusovem imenu. Amen.

24. DAN: DROBČKI DUŠE – KO MANJKAJO DELI TVOJEGA ČLOVEKA

» *On obnavlja mojo dušo ...«* — Psalm 23:3
»Ozdravil bom tvoje rane, govori GOSPOD, ker te kličejo izobčenec ...« — Jeremija 30:17

Travma ima svoj način, da uniči dušo. Zloraba. Zavrnitev. Izdaja. Nenaden strah. Dolgotrajna žalost. Te izkušnje ne pustijo le spominov – **zlomijo tvojega notranjega človeka**.

Mnogi ljudje hodijo naokoli in so videti celi, a živijo z **manjkajočimi deli sebe**. Njihovo veselje je razdrobljeno. Njihova identiteta je razpršena. Ujeti so v čustvenih časovnih pasovih – del njih je obtičal v boleči preteklosti, medtem ko se telo še naprej stara.

To so **delci duše** – deli vašega čustvenega, psihološkega in duhovnega jaza, ki so odlomljeni zaradi travme, demonskega vmešavanja ali čarovniške manipulacije.

Dokler se ti koščki ne zberejo, ne ozdravijo in ponovno ne združijo skozi Jezusa, **prava svoboda ostaja nedosegljiva**.

Globalne prakse kraje duš

- **Afrika** – Vrači, ki lovijo »bistvo« ljudi v kozarcih ali ogledalih.
- **Azija** – Rituali ujetja duše, ki jih izvajajo guruji ali tantrični praktiki.
- **Latinska Amerika** – Šamansko cepljenje duš za nadzor ali prekletstva.
- **Evropa** – Okultna zrcalna magija, ki se uporablja za razbijanje identitete ali krajo naklonjenosti.
- **Severna Amerika** – Travma zaradi spolnega nadlegovanja, splava ali zmede identitete pogosto povzroča globoke duševne rane in razdrobljenost.

Zgodba: *Dekle, ki ni čutilo*

Andrea, 25-letnica iz Španije, je leta prenašala nadlegovanje s strani družinskega člana. Čeprav je sprejela Jezusa, je ostala čustveno otopela. Ni mogla jokati, ljubiti ali čutiti empatije.

Obiskovalni duhovnik ji je postavil nenavadno vprašanje: »Kje si pustila svoje veselje?« Ko je Andrea zaprla oči, se je spomnila, kako je bila pri devetih letih zvita v omari in si govorila: »Nikoli več ne bom čutila.«

Skupaj sta molili. Andrea je odpustila, se odpovedala notranjim zaobljubam in povabila Jezusa v ta specifični spomin. Prvič po letih je nekontrolirano jokala. Tistega dne **je bila njena duša okrevana**.

Akcijski načrt – Vrnitev in zdravljenje duše

1. Vprašajte Svetega Duha: *Kje sem izgubil del sebe?*
2. Odpustite vsem, ki so bili vpleteni v ta trenutek, in **se odpovejte notranjim zaobljubam,** kot je "Nikoli več ne bom zaupal/a."
3. Povabi Jezusa v spomin in v ta trenutek spregovori zdravilne besede.
4. Molite: »*Gospod, obnovi mojo dušo. Kličem vsak delček sebe, da se vrne in postane cel.*«

Ključni odlomki iz Svetega pisma:

- Psalm 23:3 – On obnavlja dušo
- Luka 4:18 – Ozdravljanje tistih, ki so skrušenega srca
- 1 Tesaloničanom 5:23 – Ohranjeni duh, duša in telo
- Jeremija 30:17 – Zdravljenje izobčencev in ran

Skupinska prijava

- Vodite člane skozi vodeno **molitveno seanso notranjega zdravljenja**.
- Vprašajte: *Ali so v vašem življenju trenutki, ko ste nehali zaupati, čutiti ali sanjati?*
- Igrajte vloge »vrnitve v tisto sobo« z Jezusom in opazujte, kako celi rano.
- Naj zaupanja vredni voditelji nežno položijo roke na glave in

oznanjajo okrevanje duše.

Orodja za ministrstvo: Glasba za čaščenje, mehka osvetlitev, robčki, navodila za pisanje dnevnika.

Ključni vpogled
Osvoboditev ni le izganjanje demonov. Gre **za zbiranje razbitih delov in obnavljanje identitete**.

Dnevnik refleksije

- Kateri travmatični dogodki še vedno vplivajo na to, kako razmišljam ali čutim danes?
- Sem kdaj rekel/rekla: "Nikoli več ne bom ljubil/ljubila" ali "Nikomur več ne morem zaupati"?
- Kako se mi zdi »celovitost« – in ali sem nanjo pripravljen/a?

MOLITEV ZA OBNOVO

Jezus, ti si Pastir moje duše. Pripeljem ti vsako mesto, kjer sem bil strt – zaradi strahu, sramu, bolečine ali izdaje. Prelomim vsako notranjo zaobljubo in prekletstvo, izrečeno v travmi. Odpuščam tistim, ki so me ranili. Zdaj kličem vsak delček svoje duše, naj se vrne. Obnovi me popolnoma – duha, dušo in telo. Nisem strt za vedno. Cel sem v tebi. V Jezusovem imenu. Amen.

25. DAN: PREKLETSTVO ČUDNIH OTROK – KO SE USODI IZMENJATA OB ROJSTVU

» *Njihovi otroci so tuji otroci; zdaj jih bo mesec dni požrl z njihovimi deleži.«* — Ozej 5:7

»Preden sem te oblikoval v maternici, sem te poznal ...« — Jeremija 1:5

Ni vsak otrok, rojen v domu, namenjen temu domu.

Ni vsak otrok, ki nosi vašo DNK, nosi tudi vaše zapuščine.

Sovražnik že dolgo uporablja **rojstvo kot bojišče** – izmenjuje usode, vsadi ponarejene potomce, dojenčke uvaja v temne zaveze in spreminja maternice, še preden se sploh začne spočetje.

To ni le fizično vprašanje. Gre za **duhovno transakcijo** – ki vključuje oltarje, žrtve in demonske zakonitosti.

Kaj so čudni otroci?

"Čudni otroci" so:

- Otroci, rojeni z okultnimi posvetitvami, rituali ali spolnimi zavezami.
- Potomci so se ob rojstvu zamenjali (bodisi duhovno bodisi fizično).
- Otroci, ki nosijo temne naloge v družino ali rod.
- Duše, ujete v maternici s pomočjo čarovništva, nekromancije ali generacijskih oltarjev.

Mnogi otroci odraščajo v uporu, odvisnosti, sovraštvu do staršev ali do sebe – ne le zaradi slabe vzgoje, ampak tudi zaradi tega, **kdo jih je duhovno sprejel ob rojstvu**.

GLOBALNI IZRAZI

- **Afrika** – duhovne izmenjave v bolnišnicah, onesnaževanje maternice z morskimi duhovi ali ritualni seks.
- **Indija** – Otroci so pred rojstvom iniciirani v templje ali na karmo temelječe usode.
- **Haiti in Latinska Amerika** – posvetitve v santeriji, otroci, spočeti na oltarjih ali po urokih.
- **Zahodni narodi** – prakse IVF in nadomestnega materinstva so včasih povezane z okultnimi pogodbami ali donorskimi linijami; splavi, ki puščajo duhovna vrata odprta.
- **Domorodne kulture po vsem svetu** – obredi poimenovanja duhov ali totemski prenosi identitete.

Zgodba: *Dojenček z napačnim duhom*

Klara, medicinska sestra iz Ugande, je povedala, kako je ženska prinesla svojega novorojenčka na molitveno srečanje. Otrok je nenehno kričal, zavračal mleko in se burno odzival na molitev.

Preroška beseda je razkrila, da je bil otrok ob rojstvu »zamenjan« v duhu. Mati je priznala, da je vračar molil nad njenim trebuhom, medtem ko si je obupno želela otroka.

Zaradi kesanja in intenzivnih molitev za odrešitev je dojenček najprej omedlel, nato pa se je umiril. Otrok je kasneje uspeval – kazal je znake obnovljenega miru in razvoja.

Niso vse težave pri otrocih naravne. Nekatere so **posledica spočetja**.

Akcijski načrt – Povrnitev usode maternice

1. Če ste starš, **posvetite svojega otroka Jezusu Kristusu**.
2. Odpovejte se vsem predporodnim prekletstvom, posvetitvam ali zavezam – tudi tistim, ki so jih nevede sklenili predniki.
3. V molitvi se neposredno obrnite na duha svojega otroka: »*Pripadaš Bogu. Tvoja usoda je obnovljena.*«
4. Če nimate otrok, molite nad svojo maternico in zavrnite vse oblike duhovne manipulacije ali poseganja.

Ključni odlomki iz Svetega pisma:

- Ozej 9:11–16 – Sodba nad tujim semenom
- Izaija 49:25 – Borite se za svoje otroke
- Luka 1:41 – Otroci, napolnjeni z Duhom, iz materinega telesa
- Psalm 139:13–16 – Božji namerni načrt v maternici

Skupinska angažiranost

- Naj starši prinesejo imena ali fotografije svojih otrok.
- Nad vsakim imenom razglasite: »Identiteta vašega otroka je obnovljena. Vsaka tuja roka je odrezana.«
- Molite za duhovno čiščenje maternice vseh žensk (in moških kot duhovnih nosilcev semena).
- Uporabite obhajilo, da simbolizirate povračilo usode krvne linije.

Pripomočki za duhovniško delo: obhajilo, mazilno olje, natisnjena imena ali pripomočki za dojenčke (neobvezno).

Ključni vpogled

Satan cilja na maternico, ker **se tam oblikujejo preroki, bojevniki in usode**. Toda vsak otrok je lahko ponovno pridobljen skozi Kristusa.

Dnevnik refleksije

- Sem kdaj imela čudne sanje med nosečnostjo ali po porodu?
- Ali se moji otroci soočajo s težavami na načine, ki se zdijo nenaravni?
- Sem pripravljen soočiti se z duhovnimi izvori generacijskega upora ali odlašanja?

Molitev za povračilo

Oče, prinašam svojo maternico, svoje seme in svoje otroke k tvojemu oltarju. Kesam se za vsa vrata – znana ali neznana – ki so sovražniku omogočila dostop. Prelomim vsako prekletstvo, predanost in demonsko nalogo, vezano na moje otroke. Govorim nad njimi: Sveti ste, izbrani in zapečateni za Božjo slavo. Vaša usoda je odkupljena. V Jezusovem imenu. Amen.

26. DAN: SKRITJI OLTARJI MOČI – OSVOBOĐENJE OD ELITNIH OKULTNIH ZAVEZ

> *Hudič ga je spet vzel na zelo visoko goro in mu pokazal vsa kraljestva sveta in njihovo slavo. Rekel je: 'Vse to ti bom dal, če se boš priklonil in me molil.'«*
> — Matej 4:8–9

Mnogi mislijo, da se satanska moč skriva le v zakulisnih ritualih ali temnih vaseh. Vendar se nekatere najnevarnejše zaveze skrivajo za elegantnimi oblekami, elitnimi klubi in večgeneracijskim vplivom.

To so **oltarji moči** – oblikovani s krvnimi prisegami, iniciacijami, tajnimi simboli in izgovorjenimi zaobljubami, ki posameznike, družine in celo celotne narode vežejo na Luciferjevo oblast. Od prostozidarstva do kabalističnih obredov, od vzhodnih zvezdnih iniciacij do staroegipčanskih in babilonskih misterijskih šol – obljubljajo razsvetljenje, a prinašajo suženjstvo.

Globalne povezave

- **Evropa in Severna Amerika** – prostozidarstvo, rožnokrižarstvo, red zlate zarje, cerkev Skull & Bones, Bohemian Grove, iniciacije v kabalo.
- **Afrika** – Politični krvni pakti, pogajanja predniških duhov za vladanje, zavezništva na visoki ravni s čarovništvom.
- **Azija** – Iluminirane družbe, pakti zmajevih duhov, dinastije krvnih linij, povezane s starodavnim čarovništvom.
- **Latinska Amerika** – politična santerija, kartelsko povezana ritualna zaščita, pakti, sklenjeni za uspeh in imuniteto.
- **Bližnji vzhod** – starodavni babilonski, asirski obredi, ki so se prenašali pod versko ali kraljevsko preobleko.

Pričevanje – Vnuk prostozidarja najde svobodo

Carlos, ki je odraščal v vplivni družini v Argentini, ni nikoli vedel, da je njegov dedek dosegel 33. stopnjo prostozidarstva. Njegovo življenje so pestile nenavadne manifestacije – spalna paraliza, sabotaža odnosov in nenehna nezmožnost napredovanja, ne glede na to, kako zelo se je trudil.

Potem ko se je udeležil učenja o osvoboditvi, ki je razkrilo povezave elite z okultizmom, se je soočil s svojo družinsko zgodovino in našel prostozidarske regalije ter skrite dnevnike. Med polnočnim postom se je odpovedal vsaki krvni zavezi in razglasil svobodo v Kristusu. Še isti teden je doživel preboj v službi, na katerega je čakal leta.

Visoki oltarji ustvarjajo odpor na visoki ravni – toda **Jezusova kri** govori glasneje kot katera koli prisega ali obred.

Akcijski načrt – Razkritje skrite lože

1. **Raziščite**: Ali obstajajo prostozidarske, ezoterične ali tajne povezave v vaši krvni liniji?
2. **Odpovejte se** vsaki znani in neznani zavezi z izjavami, ki temeljijo na Mateju 10:26–28.
3. **Sežgite ali odstranite** vse okultne simbole: piramide, vsevidne oči, kompase, obeliske, prstane ali oblačila.
4. **Glasno molite**:

»*Prekinjam vsak skriti dogovor s tajnimi društvi, kulti luči in lažnimi bratovščinami. Služim samo Gospodu Jezusu Kristusu.*«

Skupinska prijava

- Naj člani zapišejo vse znane ali domnevne povezave z elitnimi okultnimi ljudmi.
- Vodite **simbolično dejanje rezanja vezi** – trganje papirjev, sežiganje podob ali mazilitev čela kot pečat ločitve.
- Z uporabo **2. psalma** razkrinkaj narodne in družinske zarote proti Gospodovemu maziljencu.

Ključni vpogled

Satanov največji prijem je pogosto odet v skrivnost in prestiž. Resnična svoboda se začne, ko te oltarje razkrinkate, se jim odpoveste in jih premaknete s čaščenjem in resnico.

Dnevnik refleksije

- Sem podedoval/a bogastvo, moč ali priložnosti, ki se zdijo duhovno "nenavadne"?
- Ali obstajajo skrivne povezave v mojih prednikih, ki sem jih prezrl/a?
- Koliko me bo stalo, da brezbožnim preprečim dostop do moči – in ali sem na to pripravljen?

Molitev za odrešitev

Oče, prihajam iz vsake skrite lože, oltarja in dogovora – v svojem imenu ali v imenu svoje krvne linije. Prekinjam vsako duhovno vez, vsako krvno vez in vsako prisego, dano zavestno ali nezavedno. Jezus, ti si moja edina Luč, moja edina Resnica in moje edino pokrivalo. Naj tvoj ogenj požre vsako brezbožno vez z močjo, vplivom ali prevaro. Prejemam popolno svobodo, v Jezusovem imenu. Amen.

27. DAN: NESVETE ZAVEZE – PROSTOZIDARSTVO, ILUMINATI IN DUHOVNA INFILTRACIJA

> *Ne vpletajte se v jalova dela teme, ampak jih raje razkrinkajte.«* — Efežanom 5:11
> *»Ne morete piti Gospodovega keliha hkrati in keliha demonov.«* — 1 Korinčanom 10:21

Obstajajo tajna društva in globalne mreže, ki se predstavljajo kot neškodljive bratovščine – ponujajo dobrodelnost, povezanost ali razsvetljenje. Toda za zaveso se skrivajo globlje prisege, krvni rituali, duhovne vezi in plasti luciferske doktrine, zavite v »svetlobo«.

Prostozidarstvo, iluminati, Eastern Star, Skull and Bones in njihova sestrska omrežja niso le družabni klubi. So oltarji zvestobe – nekateri segajo stoletja nazaj – namenjeni duhovni infiltraciji v družine, vlade in celo cerkve.

Globalni odtis

- **Severna Amerika in Evropa** – prostozidarski templji, lože škotskega obreda, muzej Skull & Bones na univerzi Yale.
- **Afrika** – Politične in kraljeve iniciacije z masonskimi obredi, krvni pakti za zaščito ali moč.
- **Azija** – kabalske šole, prikrite kot mistično razsvetljenje, tajni meniški obredi.
- **Latinska Amerika** – Skriti elitni redovi, santerija, združena z vplivom elite in krvnimi pakti.
- **Bližnji vzhod** – Starodavne babilonske tajne družbe, povezane z oblastnimi strukturami in čaščenjem lažne luči.

TA OMREŽJA POGOSTO:

- Zahtevajte kri ali ustne prisege.
- Uporabljajte okultne simbole (kompase, piramide, oči).
- Izvajajte obrede za priklic ali posvetitev duše redu.
- Podeliti vpliv ali bogastvo v zameno za duhovni nadzor.

Pričevanje – Škofova spoved

Škof v vzhodni Afriki je pred svojo cerkvijo priznal, da se je nekoč med študijem na univerzi na nižji ravni pridružil prostozidarstvu – zgolj zaradi »vez«. Ko pa se je povzpel po hierarhiji, je začel spoznavati nenavadne zahteve: prisego molka, obrede z zavezami za oči in simboli ter »luč«, ki je njegovo molitveno življenje naredila hladnim. Nehal je sanjati. Ni mogel brati Svetega pisma.

Potem ko se je pokesal in javno odpovedal vsakemu činu in zaobljubi, se je duhovna megla razblinila. Danes pogumno oznanja Kristusa in razkriva, v čem je nekoč sodeloval. Verige so bile nevidne – dokler niso bile pretrgane.

Akcijski načrt – Razbijanje vpliva prostozidarstva in tajnih društev

1. **Navedite** kakršno koli osebno ali družinsko vpletenost v prostozidarstvo, rosikrucianizam, kabalo, cerkev Skull and Bones ali podobne tajne redove.
2. **Odpovejte se vsaki ravni ali stopnji iniciacije**, od 1. do 33. ali višje, vključno z vsemi rituali, žetoni in prisegami. (Vodene odpovedi za osvoboditev lahko najdete na spletu.)
3. **Molite z avtoriteto**:

»Prelomim vsako duhovno vez, krvno zavezo in prisego, sklenjeno s tajnimi družbami – z moje strani ali v mojem imenu. Svojo dušo vračam Jezusu Kristusu!«

1. **Uničite simbolične predmete** : regalije, knjige, potrdila, prstane ali uokvirjene slike.
2. **Razglasite** svobodo z uporabo:
    - *Galačanom 5:1*

- *Psalm 2:1–6*
- *Izaija 28:15–18*

Skupinska prijava

- Naj skupina zapre oči in prosi Svetega Duha, naj razkrije morebitne skrivne povezave ali družinske vezi.
- Korporativna odpoved: izmolite molitev, s katero boste odpovedali vsako znano ali neznano povezavo z elitnimi redovi.
- Uporabite obhajilo, da zapečatite prelom in ponovno uskladite zaveze s Kristusom.
- Maziljenje glav in rok – obnavljanje jasnosti uma in sveta dela.

Ključni vpogled

Kar svet imenuje »elita«, lahko Bog imenuje gnusoba. Ni vsak vpliv svet – in ni vsaka svetloba svetloba. Nič takega kot neškodljiva skrivnostnost ne obstaja, ko gre za duhovne prisege.

Dnevnik refleksije

- Sem bil/a del/a tajnih redov ali skupin mističnega razsvetljenja oziroma me je to zanimalo?
- Ali obstajajo dokazi o duhovni slepoti, stagnaciji ali hladnosti v moji veri?
- Ali se moram z družinskimi težavami soočiti pogumno in elegantno?

Molitev za svobodo

Gospod Jezus, predte prihajam kot edina resnična Luč. Odpovedujem se vsaki vezi, vsaki prisegi, vsaki lažni luči in vsakemu skritemu redu, ki si me lasti. Prekinjam prostozidarstvo, tajne družbe, starodavne bratovščine in vsako duhovno vez, povezano s temo. Izjavljam, da sem samo pod Jezusovo krvjo – zapečaten, odrešen in svoboden. Naj tvoj Duh sežge vse ostanke teh zavez. V Jezusovem imenu, amen.

28. DAN: KABALA, ENERGETSKE MREŽE IN ČAR MISTIČNE "SVETLOBE"

> *Sam satan se namreč preobleče v angela luči.«* — 2 Korinčanom 11:14
> *»Luč, ki je v tebi, je tema – kako globoka je ta tema!«* — Luka 11:35

V dobi, obsedeni z duhovnim razsvetljenjem, se mnogi nevede poglabljajo v starodavne kabalistične prakse, energijsko zdravljenje in mistične svetlobne nauke, ki temeljijo na okultnih doktrinah. Ti nauki se pogosto maskirajo kot »krščanski misticizem«, »judovska modrost« ali »znanstveno utemeljena duhovnost« – vendar izvirajo iz Babilona, ne iz Siona.

Kabala ni le judovski filozofski sistem; je duhovna matrica, zgrajena na tajnih kodah, božanskih emanacijah (Sefirot) in ezoteričnih poteh. Gre za isto zapeljivo prevaro, ki se skriva za tarotom, numerologijo, zodiakalnimi portali in mrežami New Age.

Številne znane osebnosti, vplivneži in poslovni mogotci nosijo rdeče vrvice, meditirajo s kristalno energijo ali sledijo Zoharju, ne da bi se zavedali, da sodelujejo v nevidnem sistemu duhovne pasti.

Globalne zapletenosti

- **Severna Amerika** – Kabala centri, preoblečeni v prostore za dobro počutje; vodene energijske meditacije.
- **Evropa** – Druidska kabala in ezoterično krščanstvo, ki so se poučevali v tajnih redovih.
- **Afrika** – Kulti blaginje mešajo svete spise z numerologijo in energijskimi portali.
- **Azija** – Zdravljenje čaker, preimenovano v »aktivacijo svetlobe«, usklajeno z univerzalnimi kodami.
- **Latinska Amerika** – svetniki pomešani s kabalističnimi nadangeli v mističnem katolicizmu.

To je zapeljevanje lažne luči – kjer znanje postane bog in razsvetljenje postane zapor.

Resnično pričevanje – pobeg iz »svetlobne pasti«

Marisol, južnoameriška poslovna trenerka, je mislila, da je odkrila pravo modrost s pomočjo numerologije in »božanskega pretoka energije« od kabalističnega mentorja. Njene sanje so postale žive, njene vizije ostre. Toda njen mir? Izginil. Njeni odnosi? Sesuli so se.

Kljub vsakodnevnim »molitvam za svetlobo« so jo v spanju mučila senčna bitja. Prijateljica ji je poslala video pričevanje nekdanjega mistika, ki je srečal Jezusa. Tisto noč je Marisol poklicala Jezusa. Videla je slepo belo svetlobo – ne mistično, ampak čisto. Mir se je vrnil. Uničila je svoje materiale in začela svojo pot odrešenja. Danes vodi mentorsko platformo, osredotočeno na Kristusa, za ženske, ujete v duhovni prevari.

Akcijski načrt – Opustitev lažnega osvetljevanja

1. **Preverite** svojo izpostavljenost: Ste že brali mistične knjige, se ukvarjali z energijskim zdravljenjem, sledili horoskopom ali nosili rdeče vrvice?
2. **Pokesajte se**, ker ste iskali luč zunaj Kristusa.
3. **Prekini vezi** z:
    - Kabala/Zohar nauki
    - Energijska medicina ali aktivacija svetlobe
    - Angelske invokacije ali dešifriranje imen
    - Sveta geometrija, numerologija ali »kode«
4. **Glasno molite**:

„*Jezus, ti si luč sveta. Odpovedujem se vsaki lažni luči, vsakemu okultnemu nauku in vsaki mistični pasti. Vračam se k tebi kot svojemu edinemu viru resnice!*"

1. **Svetopisemski odlomki za oznanjevanje**:
    - Janez 8:12
    - Devteronomij 18:10–12
    - Izaija 2:6
    - 2 Korinčanom 11:13–15

Skupinska prijava

- Vprašajte: Ste vi (ali vaša družina) kdaj sodelovali v naukih New Age, numerologije, kabale ali mistične "luči" ali bili z njimi seznanjeni?
- Skupinska odpoved lažni luči in ponovna predanost Jezusu kot edini Luči.
- Uporabite simboliko soli in luči – vsakemu udeležencu dajte ščepec soli in svečo, da izjavi: »Jaz sem sol in luč samo v Kristusu.«

Ključni vpogled
Ni vsaka luč sveta. Kar osvetljuje zunaj Kristusa, bo sčasoma požrlo.
Dnevnik refleksije

- Sem iskal znanje, moč ali ozdravljenje zunaj Božje besede?
- Katerih duhovnih orodij ali naukov se moram znebiti?
- Ali obstaja kdo, ki sem ga že seznanil z New Age ali "lahkimi" praksami in ga zdaj moram ponovno voditi?

Molitev za odrešitev
Oče, ne strinjam se z vsakim duhom lažne luči, misticizma in skrivnega znanja. Odpovedujem se kabali, numerologiji, sveti geometriji in vsaki temni kodi, ki se izdaja za luč. Izjavljam, da je Jezus Luč mojega življenja. Odhajam s poti prevare in stopim v resnico. Očisti me s svojim ognjem in me napolni s Svetim Duhom. V Jezusovem imenu. Amen.

29. DAN: TANČICA ILUMINATOV – RAZKRITJE ELITNIH OKULTNIH OMREŽIJ

>> *Kralji zemlje se postavijo na noge in vladarji se zbirajo proti Gospodu in proti njegovemu Maziljencu.«* — Psalm 2:2

»Nič ni skritega, kar se ne bo razodelo, in nič prikritega, kar se ne bo razodelo.« — Luka 8:17

V našem svetu obstaja svet. Skrit pred očmi.

Od Hollywooda do visokih financ, od političnih koridorjev do glasbenih imperijev, mreža temnih zavezništev in duhovnih pogodb ureja sisteme, ki oblikujejo kulturo, mišljenje in moč. To je več kot le zarota – to je starodavni upor, preoblečen za sodobni oder.

Iluminati v svojem bistvu niso zgolj tajna družba – gre za lucifersko agendo. Duhovna piramida, kjer tisti na vrhu prisežejo zvestobo s krvjo, rituali in izmenjavo duš, pogosto zavito v simbole, modo in pop kulturo, da bi pogojevali množice.

Ne gre za paranojo. Gre za zavedanje.

RESNIČNA ZGODBA – POT od slave do vere

Marcus je bil vzhajajoči glasbeni producent v ZDA. Ko je njegova tretja velika uspešnica prestopila lestvice, so ga predstavili ekskluzivnemu klubu – močnim moškim in ženskam, duhovnim »mentorjem«, pogodbam, prepojenim s skrivnostnostjo. Sprva se je zdelo kot elitno mentorstvo. Nato so prišle seanse »priklica« – temne sobe, rdeče luči, napevi in zrcalni rituali. Začel je doživljati potovanja izven telesa, glasovi so mu ponoči šepetali pesmi.

Neke noči si je pod vplivom in mučenjem poskušal vzeti življenje. Toda Jezus je posredoval. Priprošnja babice v molitvi je prebila mejo. Pobegnil je, se odpovedal sistemu in se podal na dolgo pot odrešitve. Danes razkriva temo industrije skozi glasbo, ki priča o luči.

SKRITI SISTEMI NADZORA

- **Krvne žrtve in spolni rituali** – Iniciacija v oblast zahteva izmenjavo: telo, kri ali nedolžnost.
- **Programiranje uma (vzorci MK Ultra)** – Uporablja se v medijih, glasbi in politiki za ustvarjanje razdrobljenih identitet in upravljavcev.
- **Simbolika** – piramidalne oči, feniksi, šahovnica, sove in obrnjene zvezde – vrata zvestobe.
- **Luciferska doktrina** – »Delaj, kar hočeš«, »Postani svoj bog«, » Razsvetljenje nosilca luči «.

Akcijski načrt – Osvoboditev iz elitnih mrež

1. **Pokesajte se** za sodelovanje v katerem koli sistemu, povezanem z okultnim opolnomočenjem, četudi nezavedno (glasba, mediji, pogodbe).
2. **se odpovejte** slavi, skritim zavezam ali fascinaciji nad elitnim življenjskim slogom.
3. **Molite za** vsako pogodbo, blagovno znamko ali omrežje, katerega del ste . Prosite Svetega Duha, naj razkrije skrite vezi.
4. **Izjavite na glas** :

"Zavračam vsak sistem, prisego in simbol teme. Pripadam kraljestvu luči. Moja duša ni naprodaj!"

1. **Sidrni svetopisemski odlomki** :
    - Izaija 28:15–18 – Zaveza s smrtjo ne bo obstala
    - Psalm 2 – Bog se smeji hudobnim zarotam
    - 1 Korinčanom 2:6–8 – Vladarji tega sveta ne razumejo Božje modrosti

SKUPINSKA PRIJAVA

- Vodite skupino na seji **čiščenja simbolov** – prinesite slike ali logotipe, o katerih imajo udeleženci vprašanja.
- Spodbujajte ljudi, da delijo, kje so v pop kulturi videli znake iluminatov in kako so to oblikovalo njihova stališča.
- Povabite udeležence, da **ponovno posvetijo svoj vpliv** (glasba, moda, mediji) Kristusovemu namenu.

Ključni vpogled
Najmočnejša prevara je tista, ki se skriva za glamurjem. Ko pa masko snamemo, se verige pretrgajo.

Dnevnik refleksije

- Ali me privlačijo simboli ali gibi, ki jih ne razumem povsem?
- Sem se zaobljubil ali dogovoril v iskanju vpliva ali slave?
- Kateri del svojega daru ali platforme moram ponovno predati Bogu?

Molitev za svobodo
Oče, zavračam vsako skrito strukturo, prisego in vpliv iluminatov in elitne okultistike. Odpovedujem se slavi brez Tebe, moči brez namena in znanju brez Svetega Duha. Prekličem vsako krvno ali besedno zavezo, ki je bila kdaj sklenjena nad mano, zavestno ali nezavedno. Jezus, ustoličujem Te za Gospoda nad mojim umom, darovi in usodo. Razkrij in uniči vsako nevidno verigo. V Tvojem imenu vstanem in hodim v luči. Amen.

30. DAN: MISTERIJEVNE ŠOLE — STARODAVNE SKRIVNOSTI, SODOBNO SUPNIŠTVO

>> *Njihovo grlo je odprt grob, njihovi jeziki se pretvarjajo, gadji strup je na njihovih ustnicah.«* — Rimljanom 3:13

»Vse, kar to ljudstvo imenuje zarota, ne imenujte zarote; ne bojte se tistega, česar se oni bojijo ... Gospoda, Vsemogočnega, imejte za svetega ...« — Izaija 8:12–13

Že dolgo pred iluminati so obstajale starodavne šole misterijev – Egipt, Babilon, Grčija, Perzija – ki niso bile zasnovane le za posredovanje "znanja", temveč tudi za prebujanje nadnaravne moči s pomočjo temnih ritualov. Danes te šole obujajo v elitnih univerzah, duhovnih umikih, taborih za "ozaveščanje", celo prek spletnih tečajev usposabljanja, prikritih kot osebni razvoj ali prebujanje zavesti višjega reda.

Od kabalističnih krogov do teozofije, hermetičnih redov in rosikrucianstva – cilj je enak: »postati kot bogovi«, prebujanje latentne moči brez predaje Bogu. Skrite pesmi, sveta geometrija, astralna projekcija, odklepanje češarike in ceremonialni rituali mnoge pripeljejo v duhovno suženjstvo pod krinko »svetlobe«.

Toda vsaka »luč«, ki ni ukoreninjena v Jezusu, je lažna luč. In vsaka skrita prisega mora biti prelomljena.

Resnična zgodba – od spretnega do zapuščenega

Sandra*, južnoafriška trenerka dobrega počutja, je bila prek mentorskega programa iniciirana v egipčanski misterijski red. Usposabljanje je vključevalo poravnavo čaker, meditacije s soncem, lunine rituale in starodavne modrostne zvitke. Začela je doživljati »prenašanja« in »vzpone«, ki pa so se kmalu spremenili v napade panike, spalno paralizo in samomorilne epizode.

Ko je duhovnik osvoboditve razkril vir, je Sandra spoznala, da je njena duša vezana na zaobljube in duhovne pogodbe. Odpoved redu je pomenila izgubo dohodka in poznanstev – a je pridobila svobodo. Danes vodi zdravilni center, osredotočen na Kristusa, in druge opozarja na prevare New Agea.

Skupne niti današnjih šol skrivnosti

- **Kabalistični krogi** – judovska mistika, pomešana z numerologijo, čaščenjem angelov in astralnimi ravnmi.
- **Hermeticizem** – doktrina »Kakor zgoraj, tako spodaj«; opolnomočenje duše za manipuliranje z realnostjo.
- **Rožnokrižarji** – tajni redovi, povezani z alkimično preobrazbo in duhovnim vzponom.
- **Prostozidarstvo in ezoterične bratovščine** – Večplastno napredovanje v skrito svetlobo; vsaka stopnja je vezana s prisegami in rituali.
- **Duhovni umiki** – psihedelične slovesnosti »razsvetljenja« s šamani ali »vodniki«.

Akcijski načrt – Zlom starodavnih jarmov

1. **Odpovejte se** vsem zavezam, sklenjenim z iniciacijami, tečaji ali duhovnimi pogodbami zunaj Kristusa.
2. **Odkličite** moč vsakega vira »luči« ali »energije«, ki ni ukoreninjen v Svetem Duhu.
3. **Očistite** svoj dom simbolov: ankhov, Horusovega očesa, svete geometrije, oltarjev, kadila, kipov ali obrednih knjig.
4. **Izjavi na glas** :

"Zavračam vsako starodavno in sodobno pot do lažne luči. Podrejam se Jezusu Kristusu, pravi luči. Vsaka tajna prisega je prelomljena z Njegovo krvjo."

SIDRNI SVETOPISEMSKI odlomki

- Kološanom 2:8 – Brez prazne in varljive filozofije

- Janez 1:4–5 – Resnična luč sveti v temi
- 1 Korinčanom 1:19–20 – Bog uniči modrost modrih

SKUPINSKA PRIJAVA

- Priredite simboličen večer »sežiganja zvitkov« (Apostolska dela 19,19) – kjer člani skupine prinesejo in uničijo vse okultne knjige, nakit in druge predmete.
- Molite za ljudi, ki so si »prenesli« nenavadno znanje ali odprli čakre tretjega očesa z meditacijo.
- Udeležence vodite skozi molitev za **»prenos svetlobe«** – prosite Svetega Duha, naj prevzame vsako področje, ki je bilo prej predano okultni svetlobi.

KLJUČNI VPOGLED

Bog ne skriva resnice v ugankah in obredih – razodeva jo po svojem Sinu. Varujte se »luči«, ki vas vleče v temo.

DNEVNIK REFLEKSIJE

- Sem se včlanil/a v kakšno spletno ali fizično šolo, ki obljublja starodavno modrost, aktivacijo ali skrivnostne moči?
- Ali obstajajo knjige, simboli ali rituali, za katere sem nekoč mislil, da so neškodljivi, zdaj pa se zaradi njih počutim obsojenega?
- Kje sem bolj iskal duhovno izkušnjo kot odnos z Bogom?

Molitev za odrešitev

Gospod Jezus, ti si Pot, Resnica in Luč. Kesam se za vsako pot, ki sem jo ubral in je zaobšla Tvojo Besedo. Odpovedujem se vsem skrivnostnim šolam, tajnim redom, prisegam in iniciacijam. Prekinjam duhovne vezi z vsemi vodniki, učitelji, duhovi in sistemi, ki so zakoreninjeni v starodavni prevari. Posije s svojo lučjo v vsakem skritem kotičku mojega srca in me napolni z resnico svojega Duha. V Jezusovem imenu hodim svobodno. Amen.

31. DAN: KABALA, SVETA GEOMETRIJA IN ELITNA SVETLOBNA PREVARA

> *Sam satan se namreč preoblači v angela luči.«* — 2. Korinčanom 11:14
> *»Skrite stvari pripadajo Gospodu, našemu Bogu, razodete pa so naše ...«* — 5. Mojzesova knjiga 29:29

V našem iskanju duhovnega znanja se skriva nevarnost – vaba »skrite modrosti«, ki obljublja moč, luč in božanskost ločeno od Kristusa. Od krogov slavnih do tajnih lož, od umetnosti do arhitekture, se vzorec prevare vije po vsem svetu in iskalce vleče v ezoterično mrežo **kabale**, **svete geometrije** in **skrivnostnih naukov**.

To niso neškodljiva intelektualna raziskovanja. To so vstopne točke v duhovne zaveze s padlimi angeli, ki se preoblečejo v svetlobo.

GLOBALNE MANIFESTACIJE

- **Hollywood in glasbena industrija** – Številne zvezdnice odkrito nosijo kabalske zapestnice ali tetovirane svete simbole (kot je Drevo življenja), ki izvirajo iz okultnega judovskega misticizma.
- **Moda in arhitektura** – masonski dizajni in sveti geometrijski vzorci (Cvet življenja, heksagrami, Horusovo oko) so vdelani v oblačila, stavbe in digitalno umetnost.
- **Bližnji vzhod in Evropa** – Študijski centri Kabale uspevajo med elitami, pogosto mešajo mistiko z numerologijo, astrologijo in angelskimi invokacijami.
- **Spletni in New Age krogi po vsem svetu** – YouTube, TikTok in podcasti normalizirajo nauke o »svetlobnih kodah«, »energijskih portalih«, »vibracijah 3-6-9« in »božanski matriki«, ki temeljijo

na sveti geometriji in kabalističnih okvirih.

Resnična zgodba – Ko svetloba postane laž

Jana, 27-letnica iz Švedske, je začela raziskovati kabalo, potem ko je sledila svojemu najljubšemu pevcu, ki ji je pripisal zasluge za njeno »ustvarjalno prebujenje«. Kupila si je rdečo zapestnico iz vrvice, začela meditirati z geometrijskimi mandalami in preučevati angelska imena iz starodavnih hebrejskih besedil.

Stvari so se začele spreminjati. Njene sanje so postale čudne. V spanju je ob sebi čutila bitja, ki so ji šepetala modrost – in nato zahtevala kri. Sence so ji sledile, a si je želela več svetlobe.

Sčasoma je na spletu naletela na videoposnetek o osvoboditvi in spoznala, da njena muka ni bila duhovni vzpon, temveč duhovna prevara. Po šestih mesecih seans osvoboditve, posta in sežiganja vseh kabalističnih predmetov v njeni hiši se je začel vračati mir. Zdaj prek svojega bloga opozarja druge: »Lažna luč me je skoraj uničila.«

RAZLOČEVANJE POTI

Kabala, čeprav včasih oblečena v verska oblačila, zavrača Jezusa Kristusa kot edino pot do Boga. Pogosto povzdiguje **»božanski jaz«**, spodbuja **kanaliziranje** in **vzpon drevesa življenja** ter uporablja **matematični misticizem** za priklic moči. Te prakse odpirajo **duhovna vrata** – ne v nebesa, temveč entitetam, ki se preoblečejo v nosilce luči.

Številne kabalistične doktrine se prepletajo z:

- Prostozidarstvo
- Rožnokrižarstvo
- Gnosticizem
- Luciferski razsvetljenski kulti

Skupni imenovalec? Prizadevanje za božanskost brez Kristusa.

Akcijski načrt – Razkrivanje in odstranjevanje lažne svetlobe

1. **Pokesajte se** vsakega ukvarjanja s kabalo, numerologijo, sveto

geometrijo ali nauki "misterioznih šol".
2. **Uničite predmete** v svojem domu, povezane s temi praksami – mandale, oltarje, kabalistična besedila, kristalne mreže, nakit s svetimi simboli.
3. **Odpovejte se duhovom lažne svetlobe** (npr. Metatronu, Razielu, Šekini v mistični obliki) in ukažite vsem ponarejenim angelom, naj odidejo.
4. **Potopite se** v preprostost in zadostnost Kristusa (2 Korinčanom 11,3).
5. **Postite se in pomazilite** – oči, čelo, roke – in se odpovejte vsej lažni modrosti ter izjavite svojo zvestobo samo Bogu.

Skupinska prijava

- Delite vsa srečanja s »svetlobnimi nauki«, numerologijo, kabalskimi mediji ali svetimi simboli.
- Kot skupina naštejte besedne zveze ali prepričanja, ki se slišijo »duhovno«, a nasprotujejo Kristusu (npr. »Jaz sem božanski«, »vesolje zagotavlja«, »Kristusova zavest«).
- Vsako osebo pomazilite z oljem, medtem ko izpovedujete Janez 8:12 – »*Jezus je luč sveta.*«
- Sežgite ali zavrzite vse materiale ali predmete, ki se nanašajo na sveto geometrijo, mistiko ali »božanske kode«.

KLJUČNI VPOGLED

Satan ne pride najprej kot uničevalec. Pogosto pride kot razsvetljevalec – ponuja skrivno znanje in lažno luč. Toda ta luč vodi le v še globljo temo.

Dnevnik refleksije

- Sem odprl svojega duha za kakšno »duhovno luč«, ki je zaobšla Kristusa?
- Ali obstajajo simboli, besedne zveze ali predmeti, za katere sem mislil, da so neškodljivi, zdaj pa jih prepoznavam kot portale?
- Sem osebno modrost povzdignil nad biblijsko resnico?

Molitev za odrešitev

Oče, odpovedujem se vsaki lažni luči, mističnemu nauku in skrivnemu znanju, ki je zapletlo mojo dušo. Priznam, da je samo Jezus Kristus resnična luč sveta. Zavračam kabalo, sveto geometrijo, numerologijo in vse doktrine demonov. Naj bo vsak ponarejeni duh zdaj izkoreninjen iz mojega življenja. Očisti moje oči, moje misli, mojo domišljijo in mojega duha. Jaz sem samo Tvoj – duh, duša in telo. V Jezusovem imenu. Amen.

3. DAN 2: KAČJI DUH V NAS – KO JE OSLOBODITEV PREPOZNA

>> *Njihove oči so polne prešuštva ... zapeljujejo nestanovitne duše ... hodijo po poti Balaama ... za katerega je za vedno prihranjena črnina teme.«* — 2 Peter 2:14–17

»*Ne dajte se slepiti! Bog se ne pusti zasmehovati. Človek žanje, kar seje.«* — Galačanom 6:7

Obstaja demonska ponaredba, ki se predstavlja kot razsvetljenje. Zdravi, napolni z energijo, opolnomoči – vendar le za kratek čas. Šepeta božanske skrivnosti, odpira vaše »tretje oko«, sprošča moč v hrbtenici – in **vas nato zasužnjuje v mukah**.

To je **Kundalini**.

Kačji **duh**.

Lažni "sveti duh" Nove dobe.

Ko je ta sila aktivirana – z jogo, meditacijo, psihedeliki, travmo ali okultnimi rituali – se zvije na dnu hrbtenice in se kot ogenj dviga skozi čakre. Mnogi verjamejo, da gre za duhovno prebujenje. V resnici gre za **demonsko obsedenost,** prikrito kot božanska energija.

Kaj pa se zgodi, ko **ne bo izginilo** ?

Resnična zgodba – "Ne morem je izklopiti"

Marissa, mlada kristjanka iz Kanade, se je pred tem, ko je svoje življenje posvetila Kristusu, ukvarjala s »krščansko jogo«. Oboževala je mirne občutke, vibracije in svetlobne vizije. Toda po eni intenzivni seansi, kjer je čutila, kako se ji hrbtenica »vžiga«, je izgubila zavest – in se zbudila, ker ni mogla dihati. Tisto noč **jo je nekaj začelo mučiti v spanju** , ji zvijati telo, se ji v sanjah pojavljati kot »Jezus« – a se ji je posmehovalo.

je bila **oproščena** . Duhovi so odhajali – a so se vračali. Njena hrbtenica je še vedno vibrirala. Njene oči so nenehno gledale v duhovno kraljestvo. Njeno telo se je nehote gibalo. Kljub odrešitvi je zdaj hodila skozi pekel, ki ga je le malo kristjanov razumelo. Njen duh je bil rešen – toda njena duša je bila **oskrunjena, razpokana in razdrobljena**.

Posledice, o katerih nihče ne govori

- **Tretje oko ostane odprto** : Nenehne vizije, halucinacije, duhovni hrup, "angeli", ki govorijo laži.
- **Telo ne preneha vibrirati** : neobvladljiva energija, pritisk v lobanji, palpitacije srca.
- **Neizprosne muke** : Tudi po več kot 10 sejah osvoboditve.
- **Izolacija** : Pastorji ne razumejo. Cerkve ignorirajo problem. Oseba je označena kot »nestabilna«.
- **Strah pred peklom** : Ne zaradi greha, ampak zaradi mučenja, ki se noče končati.

Ali lahko kristjani dosežejo točko brez povratka?

Da – v tem življenju. Lahko si **odrešen**, vendar tako razdrobljen, da **je tvoja duša v mukah do smrti**.

To ni strašenje. To je **preroško opozorilo**.

Globalni primeri

- **Afrika** – Lažni preroki med bogoslužji sproščajo ogenj Kundalini – ljudje se krčijo, penijo, se smejijo ali rjovejo.
- **Azija** – Mojstri joge se vzpenjajo v »siddhi« (demonsko obsedenost) in to imenujejo božja zavest.
- **Evropa/Severna Amerika** – Neokarizmatična gibanja, ki kanalizirajo »kralje slave«, lajejo, se smejijo, nekontrolirano padajo – ne od Boga.
- **Latinska Amerika** – Šamanska prebujenja z uporabo ajahuaske (rastlinskih drog) za odpiranje duhovnih vrat, ki jih ne morejo zapreti.

AKCIJSKI NAČRT – ČE ste šli predaleč

1. **Priznajte natančen portal** : Kundalini joga, meditacije tretjega očesa, cerkve nove dobe, psihedeliki itd.
2. **Nehajte loviti odrešitev** : Nekateri duhovi mučijo dlje, če jih še naprej opolnomočujete s strahom.
3. **se zasidrajte v Svetem pismu** – še posebej v Psalmu 119, Izaiju 61 in Janezu 1. To obnavlja dušo.
4. **Pošlji skupnosti** : Poišči vsaj enega vernika, polnega Svetega Duha, s katerim boš hodil/a. Osamljenost daje moč demonom.
5. **Odpovejte se vsemu duhovnemu "vidu", ognju, znanju, energiji** - četudi se zdi sveto.
6. **Prosi Boga za usmiljenje** – ne enkrat. Vsak dan. Vsako uro. Vztrajaj. Bog tega morda ne bo odstranil v trenutku, vendar te bo nosil.

SKUPINSKA PRIJAVA

- Vzemite si čas za tiho refleksijo. Vprašajte se: Ali sem si prizadeval za duhovno moč pred duhovno čistostjo?
- Molite za tiste, ki jih mučijo neusmiljene muke. NE obljubljajte takojšnje osvoboditve – obljubite **učence** .
- Poučite razliko med **sadom Duha** (Galačanom 5:22–23) in **duševnimi manifestacijami** (tresenje, vročina, videnja).
- Sežgite ali uničite vse predmete nove dobe: simbole čaker, kristale, podloge za jogo, knjige, olja, "Jezusove karte".

Ključni vpogled

Obstaja **meja**, ki jo je mogoče prestopiti – ko duša postane odprta vrata in se nočejo zapreti. Vaš duh je morda rešen ... toda vaša duša in telo lahko še vedno živita v mukah, če vas je oskrunila okultna svetloba.

Dnevnik refleksije

- Sem si kdaj bolj prizadeval za moč, ogenj ali preroški vid kot za svetost in resnico?
- Sem odprl vrata s »pokristjaniziranimi« praksami nove dobe?
- Ali sem pripravljen **vsak dan hoditi** z Bogom, tudi če popolna osvoboditev traja leta?

Molitev za preživetje

Oče, kličem k usmiljenju. Odpovedujem se vsakemu kačjemu duhu, moči Kundalini, odpiranju tretjega očesa, lažnemu ognju ali ponarejanju nove dobe, ki sem se ga kdaj dotaknil. Predajam ti svojo dušo – zlomljeno, kakršna je – nazaj. Jezus, reši me ne le greha, ampak tudi muke. Zapri moja vrata. Ozdravi moj um. Zapri moje oči. Zdrobi kačo v moji hrbtenici. Čakam te, tudi v bolečini. In ne bom odnehal. V Jezusovem imenu. Amen.

33. DAN: KAČJI DUH V NAS – KO JE OSLOBODITEV PREPOZNA

> *Njihove oči so polne prešuštva ... zapeljujejo nestanovitne duše ... hodijo po poti Balaama ... za katerega je za vedno prihranjena črnina teme.«* — 2 Peter 2:14–17

»Ne dajte se slepiti! Bog se ne pusti zasmehovati. Človek žanje, kar seje.« — Galačanom 6:7

Obstaja demonska ponaredba, ki se predstavlja kot razsvetljenje. Zdravi, napolni z energijo, opolnomoči – vendar le za kratek čas. Šepeta božanske skrivnosti, odpira vaše »tretje oko«, sprošča moč v hrbtenici – in **vas nato zasužnjuje v mukah**.

To je **Kundalini**.

Kačji **duh**.

Lažni "sveti duh" Nove dobe.

Ko je ta sila aktivirana – z jogo, meditacijo, psihedeliki, travmo ali okultnimi rituali – se zvije na dnu hrbtenice in se kot ogenj dviga skozi čakre. Mnogi verjamejo, da gre za duhovno prebujenje. V resnici gre za **demonsko obsedenost,** prikrito kot božanska energija.

Kaj pa se zgodi, ko **ne bo izginilo**?

Resnična zgodba – "Ne morem je izklopiti"

Marissa, mlada kristjanka iz Kanade, se je pred tem, ko je svoje življenje posvetila Kristusu, ukvarjala s »krščansko jogo«. Oboževala je mirne občutke, vibracije in svetlobne vizije. Toda po eni intenzivni seansi, kjer je čutila, kako se ji hrbtenica »vžiga«, je izgubila zavest – in se zbudila, ker ni mogla dihati. Tisto noč **jo je nekaj začelo mučiti v spanju**, ji zvijati telo, se ji v sanjah pojavljati kot »Jezus« – a se ji je posmehovalo.

je bila **oproščena**. Duhovi so odhajali – a so se vračali. Njena hrbtenica je še vedno vibrirala. Njene oči so nenehno gledale v duhovno kraljestvo. Njeno telo se je nehote gibalo. Kljub odrešitvi je zdaj hodila skozi pekel, ki ga je le malo kristjanov razumelo. Njen duh je bil rešen – toda njena duša je bila **oskrunjena, razpokana in razdrobljena**.

Posledice, o katerih nihče ne govori

- **Tretje oko ostane odprto**: Nenehne vizije, halucinacije, duhovni hrup, "angeli", ki govorijo laži.
- **Telo ne preneha vibrirati**: neobvladljiva energija, pritisk v lobanji, palpitacije srca.
- **Neizprosne muke**: Tudi po več kot 10 sejah osvoboditve.
- **Izolacija**: Pastorji ne razumejo. Cerkve ignorirajo problem. Oseba je označena kot »nestabilna«.
- **Strah pred peklom**: Ne zaradi greha, ampak zaradi mučenja, ki se noče končati.

Ali lahko kristjani dosežejo točko brez povratka?

Da – v tem življenju. Lahko si **odrešen**, vendar tako razdrobljen, da **je tvoja duša v mukah do smrti**.

To ni strašenje. To je **preroško opozorilo**.

Globalni primeri

- **Afrika** – Lažni preroki med bogoslužji sproščajo ogenj Kundalini – ljudje se krčijo, penijo, se smejijo ali rjovejo.
- **Azija** – Mojstri joge se vzpenjajo v »siddhi« (demonsko obsedenost) in to imenujejo božja zavest.
- **Evropa/Severna Amerika** – Neokarizmatična gibanja, ki kanalizirajo »kralje slave«, lajejo, se smejijo, nekontrolirano padajo – ne od Boga.
- **Latinska Amerika** – Šamanska prebujenja z uporabo ajahuaske (rastlinskih drog) za odpiranje duhovnih vrat, ki jih ne morejo zapreti.

Akcijski načrt – če ste šli predaleč

1. **Priznajte natančen portal**: Kundalini joga, meditacije tretjega očesa,

cerkve nove dobe, psihedeliki itd.
2. **Nehajte loviti odrešitev** : Nekateri duhovi mučijo dlje, če jih še naprej opolnomočujete s strahom.
3. **se zasidrajte v Svetem pismu** – še posebej v Psalmu 119, Izaiju 61 in Janezu 1. To obnavlja dušo.
4. **Pošlji skupnosti** : Poišči vsaj enega vernika, polnega Svetega Duha, s katerim boš hodil/a. Osamljenost daje moč demonom.
5. **Odpovejte se vsemu duhovnemu "vidu", ognju, znanju, energiji** - četudi se zdi sveto.
6. **Prosi Boga za usmiljenje** – ne enkrat. Vsak dan. Vsako uro. Vztrajaj. Bog tega morda ne bo odstranil v trenutku, vendar te bo nosil.

Skupinska prijava

- Vzemite si čas za tiho refleksijo. Vprašajte se: Ali sem si prizadeval za duhovno moč pred duhovno čistostjo?
- Molite za tiste, ki jih mučijo neusmiljene muke. NE obljubljajte takojšnje osvoboditve – obljubite **učence** .
- Poučite razliko med **sadom Duha** (Galačanom 5:22–23) in **duševnimi manifestacijami** (tresenje, vročina, videnja).
- Sežgite ali uničite vse predmete nove dobe: simbole čaker, kristale, podloge za jogo, knjige, olja, "Jezusove karte".

Ključni vpogled

Obstaja **meja** , ki jo je mogoče prestopiti – ko duša postane odprta vrata in se nočejo zapreti. Vaš duh je morda rešen ... toda vaša duša in telo lahko še vedno živita v mukah, če vas je oskrunila okultna svetloba.

Dnevnik refleksije

- Sem si kdaj bolj prizadeval za moč, ogenj ali preroški vid kot za svetost in resnico?
- Sem odprl vrata s »pokristjaniziranimi« praksami nove dobe?
- Ali sem pripravljen **vsak dan hoditi** z Bogom, tudi če popolna osvoboditev traja leta?

Molitev za preživetje

Oče, kličem k usmiljenju. Odpovedujem se vsakemu kačjemu duhu, moči Kundalini, odpiranju tretjega očesa, lažnemu ognju ali ponarejanju nove dobe, ki sem se ga kdaj dotaknil. Predajam ti svojo dušo – zlomljeno, kakršna je – nazaj. Jezus, reši me ne le greha, ampak tudi muke. Zapri moja vrata. Ozdravi moj um. Zapri moje oči. Zdrobi kačo v moji hrbtenici. Čakam te, tudi v bolečini. In ne bom odnehal. V Jezusovem imenu. Amen.

34. DAN: PROZIDARJI, KODEKS IN PREKLETSTVA — Ko bratstvo postane suženjstvo

>> *Ne udeležujte se nerodovitnih del teme, ampak jih raje razkrinkajte.«* — Efežanom 5:11

»Ne sklepajte zaveze z njimi ali z njihovimi bogovi.« — Druga Mojzesova knjiga 23:32

Tajne družbe obljubljajo uspeh, povezave in starodavno modrost. Ponujajo **prisege, diplome in skrivnosti,** ki se prenašajo »za dobre ljudi«. Vendar se večina ne zaveda: te družbe so **oltarji zavez**, pogosto zgrajeni na krvi, prevari in demonski zvestobi.

Od prostozidarstva do kabale, od rožnih križarjev do gibanja Skull & Bones – te organizacije niso le klubi. So **duhovne pogodbe**, skovane v temi in zapečatene z obredi, ki **preklinjajo generacije**.

Nekateri so se pridružili prostovoljno. Drugi so imeli prednike, ki so se.

Kakorkoli že, prekletstvo ostaja – dokler ni prelomljeno.

Skrita zapuščina — Jasonova zgodba

Jason, uspešen bankir v ZDA, je imel vse, kar mu je šlo – lepo družino, bogastvo in vpliv. Toda ponoči se je zbujal in se dušil, videl je postave s kapucami in v sanjah slišal uroke. Njegov dedek je bil prostozidar 33. stopnje in Jason je še vedno nosil prstan.

Nekoč je na klubskem dogodku v šali izrekel prostozidarske zaobljube – toda v trenutku, ko jih je izrekel, **ga je nekaj prešinilo**. Njegov um se je začel sesuvati. Slišal je glasove. Žena ga je zapustila. Poskušal je narediti konec vsemu.

Na duhovnih umikih je nekdo prepoznal prostozidarsko povezavo. Jazon je jokal, ko se je **odpovedal vsaki prisegi**, prelomil prstan in tri ure doživel osvoboditev. Tisto noč je prvič po letih mirno spal.

Njegovo pričevanje?

"S skrivnimi oltarji se ne šališ. Govorijo – dokler jih ne utišaš v Jezusovem imenu."

GLOBALNA MREŽA BRATSTVA

- **Evropa** – Prostozidarstvo je globoko vpeto v gospodarstvo, politiko in cerkvene denominacije.
- **Afrika** – iluminati in tajni redovi, ki ponujajo bogastvo v zameno za duše; kulti na univerzah.
- **Latinska Amerika** – infiltracija jezuitov in prostozidarski obredi, pomešani s katoliškim misticizmom.
- **Azija** – starodavne misterijske šole, tempeljsko duhovništvo, vezano na generacijske prisege.
- **Severna Amerika** – Eastern Star, Scottish Rite, bratovščine kot Skull & Bones, elite Bohemian Grove.

Ti kulti se pogosto sklicujejo na »Boga«, vendar ne na **Boga iz Svetega pisma** – sklicujejo se na **Velikega arhitekta**, neosebno silo, povezano z **lucifersko svetlobo**.

Znaki, da ste prizadeti

- Kronična bolezen, ki je zdravniki ne morejo pojasniti.
- Strah pred napredovanjem ali strah pred ločitvijo od družinskih sistemov.
- Sanje o oblačilih, obredih, skrivnih vratih, ložah ali nenavadnih obredih.
- Depresija ali norost v moški liniji.
- Ženske, ki se spopadajo z neplodnostjo, zlorabo ali strahom.

Akcijski načrt za odpravo posledic

1. **Odpovejte se vsem znanim prisegam** – še posebej, če ste bili vi ali vaša družina del prostozidarstva, rožnih križarjev, gibanja Vzhodna zvezda, kabale ali katere koli "bratovščine".

2. **Prelomite vsako stopnjo** – od vpisanega vajenca do 33. stopnje, po imenu.
3. **Uničite vse simbole** – prstane, predpasnike, knjige, obeske, potrdila itd.
4. **Zaprite vrata** – duhovno in zakonito z molitvijo in izjavo.

Uporabite te svetopisemske odlomke:

- Izaija 28:18 - »Vaša zaveza s smrtjo bo razveljavljena.«
- Galačanom 3:13 - »Kristus nas je odkupil prekletstva postave.«
- Ezekiel 13:20–23 – »Raztrgal bom tvoje tančice in osvobodil svoje ljudstvo.«

Skupinska prijava

- Vprašajte, ali je imel kateri od članov starše ali stare starše v tajnih društvih.
- Vodite **vodeno odpovedovanje** skozi vse stopnje prostozidarstva (za to lahko ustvarite natisnjen scenarij).
- Uporabite simbolična dejanja – zažgite star prstan ali narišite križ čez čelo, da izničite »tretje oko«, ki se odpre med rituali.
- Molite za um, vrat in hrbet – to so pogosta mesta suženjstva.

Ključni vpogled
Bratstvo brez Kristusove krvi je bratstvo suženjstva.
Izbrati morate: zavezo s človekom ali zavezo z Bogom.
Dnevnik refleksije

- Je bil kdo v moji družini vpleten v prostozidarstvo, mistiko ali tajne prisege?
- Sem nevede recitiral ali posnemal zaobljube, veroizpovedi ali simbole, povezane s tajnimi društvi?
- Sem pripravljen prekiniti družinsko tradicijo, da bi v celoti hodil v Božji zavezi?

Molitev odpovedi

Oče, v imenu Jezusa se odpovedujem vsaki zavezi, prisegi ali obredu, vezanemu na prostozidarstvo, kabalo ali katero koli tajno društvo – v mojem življenju ali krvni liniji. Prelomim vsako stopnjo, vsako laž, vsako demonsko pravico, ki mi je bila podeljena s slovesnostmi ali simboli. Izjavljam, da je Jezus Kristus moja edina Luč, moj edini Arhitekt in moj edini Gospod. Zdaj prejemam svobodo, v Jezusovem imenu. Amen.

35. DAN: ČAROVNICE V ČEROVNIŠKIH KLOPAH – KO ZLO VSTOPI SKOZI CERKVENA VRATA

» *Takšni ljudje so namreč lažni apostoli, prevarantski delavci, ki se preoblečejo v Kristusove apostole. In ni čudno, saj se celo satan preobleče v angela luči.«* — 2 Korinčanom 11:13–14

»*Vem za tvoja dela, tvojo ljubezen in tvojo vero ... Vendar imam to zoper tebe: prenašaš ženo Jezabelo, ki se imenuje prerokinja ...«* — Razodetje 2:19–20

Najnevarnejša čarovnica ni tista, ki leti ponoči.

Je tista, ki **sedi poleg tebe v cerkvi**.

Ne nosijo črnih oblačil in ne jahajo metl.

Vodijo molitvene sestanke. Pojejo v skupinah za čaščenje. Prerokujejo v jezikih. Pastorirajo cerkve. Pa vendar ... so **nosilci teme**.

Nekateri točno vedo, kaj počnejo – poslani so kot duhovni morilci. Drugi so žrtve čarovništva ali upora prednikov, ki delujejo z **nečistimi** darovi.

Cerkev kot krinka – zgodba »Miriam«

Miriam je bila priljubljena duhovnica v veliki zahodnoafriški cerkvi. Njen glas je demonom ukazoval, naj zbežijo. Ljudje so potovali po državah, da bi jih mazilila.

Toda Miriam je imela skrivnost: ponoči je potovala iz svojega telesa. Videla je domove članov cerkve, njihove slabosti in njihove krvne linije. Mislila je, da je to »preroško«.

Njena moč je rasla. A hkrati tudi njena muka.

Začela je slišati glasove. Ni mogla spati. Napadli so njene otroke. Mož jo je zapustil.

Končno je priznala: kot otroka jo je »aktivirala« babica, mogočna čarovnica, ki jo je silila spati pod prekletimi odejami.

»*Mislil sem, da sem napolnjen s Svetim Duhom. Bil je duh ... ampak ne Svet.*«

Doživela je osvoboditev. Toda boj se ni nikoli končal. Pravi:
"Če se ne bi spovedal, bi umrl na oltarju v ognju ... v cerkvi."

Globalne situacije skritega čarovništva v Cerkvi

- **Afrika** – duhovna zavist. Preroki, ki uporabljajo vedeževanje, obrede, vodne duhove. Mnogi oltarji so pravzaprav portali.
- **Evropa** – Jasnovidci, ki se preoblečejo v »duhovne trenerje«. Čarovništvo, zavito v krščanstvo nove dobe.
- **Azija** – Tempeljske svečenice vstopajo v cerkve, da bi sejale prekletstva in spreobrnile v astralne monitorje.
- **Latinska Amerika** – Santería – prakticirajoči »pastorji«, ki oznanjajo osvoboditev, a ponoči žrtvujejo kokoši.
- **Severna Amerika** – krščanske čarovnice, ki trdijo, da gre za »Jezusa in tarot«, energijski zdravilci na cerkvenih odrih in pastorji, ki sodelujejo v prostozidarskih obredih.

Znaki čarovništva, ki deluje v Cerkvi

- Težko vzdušje ali zmeda med bogoslužjem.
- Sanje o kačah, seksu ali živalih po obredih.
- Vodstvo nenadoma zaide v greh ali škandal.
- »Prerokbe«, ki manipulirajo, zapeljujejo ali sramotijo.
- Vsak, ki reče: "Bog mi je povedal, da si moj mož/žena."
- Čudni predmeti, najdeni v bližini priznice ali oltarjev.

AKCIJSKI NAČRT ZA ODPRAVO posledic

1. **Molite za razločevanje** – Prosite Svetega Duha, naj vam razkrije, ali so v vaši skupnosti skrite čarovnice.
2. **Preizkušajte vsakega duha** – tudi če se sliši duhovno (1 Janez 4,1).
3. **Prekinite duhovne vezi** – Če so za vas molili, vam prerokovali ali se

vas je dotaknil nekdo nečist, **se tega odpovejte**.
4. **Molite za svojo cerkev** – razglasite Božji ogenj, da razkrije vsak skriti oltar, skrivni greh in duhovno pijavko.
5. **Če ste žrtev** – poiščite pomoč. Ne ostanite tiho ali sami.

Skupinska prijava

- Vprašajte člane skupine: Ste se kdaj med cerkvenim bogoslužjem počutili nelagodno ali duhovno prizadeti?
- Vodite **skupno očiščevalno molitev** za skupnost.
- Pomazi vsakega človeka in razglasi **duhovni požarni zid** okoli umov, oltarjev in darov.
- Naučite vodje, kako **preveriti darove** in **duhovne sposobnosti,** preden ljudem dovolijo prevzeti vidne vloge.

Ključni vpogled
Niso vsi, ki pravijo »Gospod, Gospod«, od Gospoda.
Cerkev je **glavno bojišče** za duhovno onesnaženje – a tudi kraj ozdravljenja, ko se ohranja resnica.

Dnevnik refleksije

- Sem prejel molitve, nasvete ali mentorstvo od nekoga, čigar življenje je obrodilo nesvete sadove?
- Ali so bili trenutki, ko sem se po bogoslužju počutil/a "neuravnoveseno", a sem to ignoriral/a?
- Sem pripravljen soočiti se s čarovništvom, tudi če nosi obleko ali poje na odru?

Molitev za razkritje in svobodo
Gospod Jezus, zahvaljujem se ti, ker si resnična Luč. Prosim te, da razkriješ vsakega skritega povzročitelja teme, ki deluje v mojem življenju in skupnosti ali okoli njega. Odpovedujem se vsakemu nesvetemu pripisovanju, lažni prerokbi ali vezi duše, ki sem jo prejel od duhovnih prevarantov. Očisti me s svojo krvjo. Prečisti moje darove. Varuj moja

vrata. Sežgi vsakega ponarejenega duha s svojim svetim ognjem. V Jezusovem imenu. Amen.

36. DAN: KODIRANE ČAROVNINE – KO PESMI, MODA IN FILMI POSTANEJO PORTALI

» *Ne udeležujte se nerodovitnih del teme, temveč jih raje razkrinkajte.* « — Efežanom 5:11

»*Ne ukvarjajte se z brezbožnimi mitmi in babskimi pravljicami, temveč se vadite v pobožnosti.*« — 1 Timoteju 4:7

Vsaka bitka se ne začne s krvavo žrtvovanjem.

Nekatere se začnejo z **ritmom** . Z melodijo. Z privlačnim besedilom, ki se ti vtisne v dušo. Ali s **simbolom** na oblačilih, za katerega si mislil, da je "kul".

Ali pa z "neškodljivo" oddajo, ki jo gledaš maratonsko, medtem ko se demoni smehljajo v sencah.

V današnjem hiperpovezanem svetu je čarovništvo **kodirano** – skrito na **očeh javnosti** skozi medije, glasbo, filme in modo.

Zatemnjen zvok – resnična zgodba: »Slušalke«

Elijah, 17-letnik iz ZDA, je začel imeti panične napade, neprespane noči in demonske sanje. Njegova krščanska starša sta mislila, da je to stres.

Toda med seanso osvoboditve je Sveti Duh naročil ekipi, naj ga vprašajo o njegovi **glasbi** .

Priznal je: »Poslušam trap metal. Vem, da je temačen ... ampak mi pomaga, da se počutim močnega.«

Ko je ekipa v molitvi zaigrala eno njegovih najljubših pesmi, se je zgodila **manifestacija** .

Ritmi so bili kodirani s **skandalnimi skladbami** iz okultnih ritualov. Nazaj obrnjeno maskiranje je razkrilo fraze, kot sta »podredi svojo dušo« in »Lucifer govori«.

Ko je Elijah izbrisal glasbo, se pokesal in prekinil povezavo, se je mir vrnil.

Vojna je vstopila skozi **vrata njegovih ušes**.

Globalni programski vzorci

- **Afrika** – afrobeat pesmi, povezane z denarnimi rituali; v besedilih skrite reference na »juju«; modne znamke s simboli morskega kraljestva.
- **Azija** – K-pop s subliminalnimi spolnimi in duhovnimi sporočili; anime liki, prežeti s šintoističnim izročilom o demonih.
- **Latinska Amerika** – Reggaeton, ki pospešuje santerijske napeve in nazaj kodirane uroke.
- **Evropa** – Modne hiše (Gucci, Balenciaga) v kulturo modnih pisti vgrajujejo satanske podobe in rituale.
- **Severna Amerika** – hollywoodski filmi, kodirani s čarovništvom (Marvel, grozljivke, filmi o »svetlobi proti temi«); risanke, ki uporabljajo čarovništvo kot zabavo.

Common Entry Portals (and Their Spirit Assignments)

Media Type	Portal	Demonic Assignment
Music	Beats/samples from rituals	Torment, violence, rebellion
TV Series	Magic, lust, murder glorification	Desensitization, soul dulling
Fashion	Symbols (serpent, eye, goat, triangles)	Identity confusion, spiritual binding
Video Games	Sorcery, blood rites, avatars	Astral transfer, addiction, occult alignment
Social Media	Trends on "manifestation," crystals, spells	Sorcery normalization

AKCIJSKI NAČRT – RAZLOČITEV, Razstrupljanje, Branitev

1. **Preglejte svoj seznam predvajanja, garderobo in zgodovino ogledov**. Poiščite okultno, poželenje, uporniško ali nasilno vsebino.
2. **Prosite Svetega Duha, naj razkrije** vsak nesveti vpliv.
3. **Izbriši in uniči**. Ne prodajaj ali podarjaj. Sežigni ali zavrzi vse demonsko – fizično ali digitalno.
4. **Pomazi svoje naprave**, sobo in ušesa. Razglasi jih za posvečene za Božjo slavo.
5. **Zamenjajte z resnico**: Poslušajte glasbo, bogaboječe filme, knjige in branje Svetega pisma, ki obnavljajo vaš um.

Skupinska prijava

- Vodite člane pri »inventuri medijev«. Naj vsak posameznik zapiše oddaje, pesmi ali predmete, za katere sumi, da so lahko portali.
- Molite prek telefonov in slušalk. Pomaziljite jih.
- Privoščite si skupinski »razstrupljevalni post« – 3 do 7 dni brez posvetnih medijev. Hranite se le z Božjo besedo, čaščenjem in občestvom.
- Rezultate predstavite na naslednjem sestanku.

Ključni vpogled

Demoni ne potrebujejo več svetišča, da bi vstopili v vašo hišo. Potrebujejo le vaše soglasje za predvajanje.

Dnevnik refleksije

- Kaj sem gledal, slišal ali nosil, kar bi lahko odprlo vrata zatiranju?
- Sem pripravljen opustiti tisto, kar me zabava, če me to hkrati zasužnjuje?
- Sem v imenu "umetnosti" normaliziral upor, poželenje, nasilje ali posmeh?

MOLITEV ZA OČIŠČEVANJE

Gospod Jezus, prihajam predte in prosim za popolno duhovno razstrupljanje. Razkrij vsak kodiran urok, ki sem ga spustil v svoje življenje skozi glasbo, modo, igre ali medije. Kesam se, da sem gledal, nosil in poslušal tisto, kar te sramoti. Danes prekinjam vezi duše. Izganjam vsakega duha upora, čarovništva, poželenja, zmede ali mučenja. Očisti moje oči, ušesa in srce. Zdaj svoje telo, medije in izbire posvečam samo tebi. V Jezusovem imenu. Amen.

37. DAN: NEVIDNI OLTARJI MOČI — PROSTOZIDARJI, KABALA IN OKULTNE ELITE

> *Hudič ga je spet vzel na zelo visoko goro in mu pokazal vsa kraljestva sveta in njihovo slavo. Rekel je: 'Vse to ti bom dal, če se boš priklonil in me molil.'«*
> — Matej 4:8–9

»Ne morete piti Gospodovega keliha hkrati in keliha demonov; ne morete imeti deleža pri Gospodovi mizi in pri mizi demonov.« — 1 Korinčanom 10:21

Oltarji niso skriti v jamah, temveč v sejnih sobah.

Duhovi ne le v džunglah – ampak tudi v vladnih dvoranah, finančnih stolpih, knjižnicah Ivy League in svetiščih, preoblečenih v »cerkve«.

Dobrodošli v kraljestvu **elitnega okultizma** :

prostozidarjev, rožnih križarjev , kabalistov , jezuitskih redov, Vzhodnih zvezd in skritih luciferjanskih duhovnikov, ki **svojo predanost Satanu zakrivajo v ritualih, skrivnostih in simbolih** . Njihovi bogovi so razum, moč in starodavno znanje – toda njihove **duše so zavezane temi** .

Skrito na očeh vseh

- **Prostozidarstvo** se preobleče v bratovščino graditeljev – vendar njegove višje stopnje prikličejo demonska bitja, prisegajo na smrt in povzdigujejo Luciferja kot »nosilca luči«.
- **Kabala** obljublja mističen dostop do Boga – vendar Jahveja subtilno nadomešča s kozmičnimi energijskimi zemljevidi in numerologijo.
- **Jezuitski misticizem** v svojih pokvarjenih oblikah pogosto meša katoliško simboliko z duhovno manipulacijo in nadzorom svetovnih sistemov.
- **Hollywood, moda, finance in politika** nosijo kodirana sporočila, simbole in **javne obrede, ki so v resnici čaščenje Luciferja** .

Ni treba, da si slaven, da bi te to prizadelo. Ti sistemi **onesnažujejo narode z:**

- Medijski programi
- Izobraževalni sistemi
- Verski kompromis
- Finančna odvisnost
- Rituali, prikriti kot »iniciacije«, »zaobljube« ali »dogovori z blagovno znamko«

Resnična zgodba – »Loža je uničila mojo rodovno sled«

Solomon (ime spremenjeno), uspešen poslovni magnat iz Združenega kraljestva, se je pridružil masonski loži zaradi mreženja. Hitro se je povzpel, si pridobil bogastvo in ugled. Začel pa je imeti tudi grozljive nočne more – moški v plaščih so ga priklicali, krvne prisege, temne živali so ga preganjale. Njegova hči se je začela rezati, češ da jo je k temu prisilila »prisotnost«.

Neke noči je v svoji sobi zagledal moškega – napol človeka, napol šakala – ki mu je rekel: *»Moj si. Cena je bila plačana.«* Obrnil se je na službo za osvoboditev. **Sedem mesecev odpovedovanja, posta, ritualov bruhanja in zamenjave vseh okultnih vezi je trajalo**, preden je prišel mir.

Kasneje je odkril: **Njegov dedek je bil prostozidar 33. stopnje. Le nevede je nadaljeval zapuščino.**

Globalni doseg

- **Afrika** – Tajne družbe med plemenskimi vladarji, sodniki, pastorji – ki prisegajo na zvestobo s krvnimi prisegami v zameno za oblast.
- **Evropa** – Malteški vitezi, iluministične lože in elitne ezoterične univerze.
- **Severna Amerika** – prostozidarske ustanove pod večino ustanovnih dokumentov, sodnih struktur in celo cerkva.
- **Azija** – Skriti kulti zmajev, predniški redovi in politične skupine, ki temeljijo na hibridih budizma in šamanizma.
- **Latinska Amerika** – sinkretični kulti, ki mešajo katoliške svetnike z luciferskimi duhovi, kot sta Santa Muerte ali Bafomet.

Akcijski načrt – Pobeg iz elitnih oltarjev

1. **Odpovejte se** vsakršni vpletenosti v prostozidarstvo, Vzhodno zvezdo, jezuitske prisege, gnostične knjige ali mistične sisteme – celo »akademskemu« preučevanju le-teh.
2. **Uničite** regalije, prstane, značke, knjige, predpasnike, fotografije in simbole.
3. **Prelomite prekletstva** – še posebej prisege ob smrti in iniciacijske zaobljube. Uporabite Izaija 28:18 (»Tvoja zaveza s smrtjo bo razveljavljena ...«).
4. **Postite se 3 dni**, medtem ko berete Ezekiela 8, Izaija 47 in Razodetja 17.
5. **Zamenjaj oltar** : Ponovno se posveti oltarju samega Kristusa (Rimljanom 12,1–2). Obhajilo. Čaščenje. Maziljenje.

Ne moreš biti hkrati na nebeških dvorih in na Luciferjevih dvorih. Izberi si svoj oltar.

Skupinska prijava

- Preučite pogoste elitne organizacije v vaši regiji – in molite neposredno proti njihovemu duhovnemu vplivu.
- Organizirajte sestanek, kjer se lahko člani zaupno izpovedo, če so bile njihove družine vpletene v prostozidarstvo ali podobne kulte.
- Prinesite olje in obhajilo – vodite množično odpoved prisegam, obredom in pečatom, sklenjenim na skrivaj.
- Prekini ponos – opomni skupino: **Noben dostop ni vreden tvoje duše.**

Ključni vpogled
Tajne družbe obljubljajo luč. Toda samo Jezus je luč sveta. Vsak drug oltar zahteva kri – vendar ne more rešiti.

Dnevnik refleksije

- Je bil kdo v moji krvni liniji vpleten v tajna društva ali "redove"?
- Sem bral ali imel v lasti okultne knjige, prikrite kot akademska

besedila?
- Kateri simboli (pentagrami, vsevidne oči, sonca, kače, piramide) se skrivajo v mojih oblačilih, umetnosti ali nakitu?

Molitev odpovedi

Oče, odpovedujem se vsaki tajni družbi, loži, prisegi, obredu ali oltarju, ki ni utemeljen na Jezusu Kristusu. Prelomim zaveze svojih očetov, svojo krvno linijo in svoja lastna usta. Zavračam prostozidarstvo, kabalo, mistiko in vsak skriti pakt, sklenjen za oblast. Uničujem vsak simbol, vsak pečat in vsako laž, ki je obljubljala luč, a prinašala suženjstvo. Jezus, ponovno te postavljam na prestol kot svojega edinega Gospodarja. Posveti s svojo lučjo v vsak skriti kraj. V tvojem imenu hodim svobodno. Amen.

38. DAN: ZAVEZE V MATERINI IN VODNA KRALJESTVA – KO JE USODA OSKRANJENA PRED ROJSTVOM

» *Brezbožni so odtujeni že od materinega telesa, takoj ko se rodijo, tavajo, govorijo laži.* « — Psalm 58:3

» *Preden sem te oblikoval v materinem telesu, sem te poznal, preden si se rodil, sem te posvetil…* « — Jeremija 1:5

Kaj če se bitke, ki jih biješ, ne bi začele z tvojimi odločitvami – ampak s tvojo zasnovo?

Kaj če bi bilo tvoje ime izgovorjeno v temnih krajih, ko si bil še v maternici?

Kaj če **bi bila vaša identiteta zamenjana**, vaša **usoda prodana** in vaša **duša zaznamovana** – še preden ste prvič vdihnili?

To je resničnost **podvodne iniciacije**, **zavez morskih duhov** in **okultnih trditev o maternici**, ki **povezujejo generacije**, zlasti v regijah z globokimi predniškimi in obalnimi rituali.

Vodno kraljestvo – Satanov prestol spodaj

V nevidnem svetu Satan **ne vlada le zraku**. Upravlja tudi **morski svet** – obsežno demonsko mrežo duhov, oltarjev in obredov pod oceani, rekami in jezeri.

Morski duhovi (običajno imenovani *Mami Wata*, *kraljica obale*, *duhovne žene/možje* itd.) so odgovorni za:

- Prezgodnja smrt
- Neplodnost in splavi
- Spolno vezanje in sanje
- Duševne muke
- Težave pri novorojenčkih
- Vzorci vzponov in padcev poslovanja

Toda kako si ti duhovi pridobijo **pravno podlago** ?
V maternici.
Nevidne iniciacije pred rojstvom

- **Predanosti prednikov** – Otrok, »obljubljen« božanstvu, če se rodi zdrav.
- **Okultne svečenice,** ki se med nosečnostjo dotikajo maternice.
- **Zavezna imena,** ki jih dajejo družine – nevede v čast morskim kraljicam ali duhovom.
- **Rojstni obredi,** ki se izvajajo z rečno vodo, čari ali zelišči iz svetišč.
- **Pokop popkovine** z zaklinjanji.
- **Nosečnost v okultnih okoljih** (npr. prostozidarske lože, centri new age, poligamni kulti).

Nekateri otroci se rodijo že zasužnjeni. Zato ob rojstvu silovito kričijo – njihov duh čuti temo.

Resnična zgodba – »Moj dojenček je pripadal reki«

Jessica iz Sierra Leoneja se je pet let trudila zanositi. Končno je zanosila, potem ko ji je »prerok« dal milo za kopanje in olje za vtiranje v maternico. Dojenček se je rodil močan – a pri treh mesecih je začel neprekinjeno jokati, vedno ponoči. Sovražil je vodo, med kopanjem je kričal in se nekontrolirano tresel, ko so ga odpeljali v bližino reke.

Nekega dne je njen sin doživel krče in za štiri minute umrl. Oživel je – in **pri devetih mesecih začel govoriti s polnimi besedami** : »Ne spadam sem. Pripadam kraljici.«

Prestrašena Jessica je iskala odrešitev. Otroka so izpustili šele po 14 dneh posta in molitev za odrekanje – njen mož je moral uničiti družinskega idola, skritega v njegovi vasi, preden se je mučenje končalo.

Dojenčki se ne rodijo prazni. Rodijo se v bitke, ki jih moramo bojevati v njihovem imenu.

GLOBALNE VZPOREDNICE

- **Afrika** – rečni oltarji, posvetitve Mami Wata, obredi posteljice.
- **Azija** – Vodni duhovi, ki se prikličejo med budističnimi ali animističnimi rojstvi.
- **Evropa** – druidske babiške zaveze, predniški vodni obredi, prostozidarske posvetitve.
- **Latinska Amerika** – poimenovanje Santeria, duhovi rek (npr. Oshun), rojstvo po astroloških kartah.
- **Severna Amerika** – novodobni porodni rituali, hipnoporod z duhovnimi vodniki, »blagoslovne slovesnosti« medijev.

Znaki vezanja, ki ga je sprožila maternica

- Ponavljajoči se vzorci splavov skozi generacije
- Nočne groze pri dojenčkih in otrocih
- Nepojasnjena neplodnost kljub zdravniškemu dovoljenju
- Nenehne sanje o vodi (oceani, poplave, plavanje, morske deklice)
- Iracionalen strah pred vodo ali utopitvijo
- Občutek "pripadnosti" - kot da nekaj opazuje od rojstva

Akcijski načrt – Prelomite zavezo maternice

1. **Prosite Svetega Duha,** naj vam razkrije, ali ste bili vi (ali vaš otrok) iniciirani skozi obrede v maternici.
2. **Odpovejte se** vsaki zavezi, sklenjeni med nosečnostjo – zavestno ali nezavedno.
3. **Molite za svojo zgodbo o rojstvu** – tudi če vaša mama ni na voljo, spregovorite kot zakoniti duhovni varuh svojega življenja.
4. **Postite se z Izaijem 49 in Psalmom 139** – da si povrnete svoj božanski načrt.
5. **Če ste noseči** : Namažite si trebuh in vsak dan govorite nad svojim nerojenim otrokom:

"Odločeni ste za Gospoda. Noben duh vode, krvi ali teme vas ne bo imel v lasti. Pripadate Jezusu Kristusu – telo, duša in duh."

Skupinska prijava

- Prosite udeležence, naj zapišejo, kaj vedo o svoji zgodbi o rojstvu – vključno z obredi, babicami ali dogodki poimenovanja.
- Spodbujajte starše, da svoje otroke ponovno posvetijo v »Službi poimenovanja in zaveze, osredotočeni na Kristusa«.
- Vodite molitve za prelom vodnih zavez z uporabo *Izaija 28:18*, *Kološanom 2:14* in *Razodetja 12:11*.

Ključni vpogled
Maternica je vrata – in kar gre skoznje, pogosto vstopi z duhovno prtljago. Toda noben oltar maternice ni večji od križa.

Dnevnik refleksije

- Ali so bili pri mojem spočetju ali rojstvu povezani kakšni predmeti, olja, amuleti ali imena?
- Ali doživljam duhovne napade, ki so se začeli v otroštvu?
- Sem nevede svojim otrokom prenesel morske zaveze?

Molitev za odpustitev
Nebeški Oče, poznal si me, še preden sem bil ustvarjen. Danes prelomim vsako skrito zavezo, vodni obred in demonsko posvetitev, ki sem jo opravil ob ali pred svojim rojstvom. Zavračam vsako trditev o morskih duhovih, znanih duhovih ali generacijskih oltarjih v maternici. Naj Jezusova kri prepiše mojo rojstno zgodbo in zgodbo mojih otrok. Rojen sem iz Duha – ne iz vodnih oltarjev. V Jezusovem imenu. Amen.

39. DAN: VODNI KRŠČ V SUPNIŠTVO – KAKO DOJENČKI, INICIALKE IN NEVIDNE ZAVEZE ODPIRAJO VRATA

» *Prelili so nedolžno kri, kri svojih sinov in hčera, ki so jih darovali kanaanskim malikom, in dežela je bila oskrunjena z njihovo krvjo.«* — Psalm 106:38

»Ali se lahko plen vzame junakom ali se ujetniki rešijo junakom?« Toda to pravi Gospod: »Da, junakom bodo vzeti ujetniki in junakom plen ...« — Izaija 49:24–25

Številne usode niso bile le **iztirjene v odrasli dobi** – bile so **ugrabljene že v otroštvu**.

Tista na videz nedolžna slovesnost poimenovanja ...

Tista ležerna kopel v rečni vodi, »da bi blagoslovili otroka« ...

Kovanec v roki ... Ureznina pod jezikom ... Olje »duhovne babice« ... Celo začetnice, dane ob rojstvu ...

Vsi se morda zdijo kulturni. Tradicionalni. Neškodljivi.

Toda kraljestvo teme **se skriva v tradiciji** in mnogi otroci so bili **na skrivaj posvečeni,** še preden so sploh lahko rekli "Jezus".

Resnična zgodba – »Imenovala me je reka«

Na Haitiju je deček po imenu Malick odraščal s čudnim strahom pred rekami in nevihtami. Kot malčka ga je babica peljala k potoku, da bi ga »seznanila z duhovi« in ga zaščitila. Pri sedmih letih je začel slišati glasove. Pri desetih letih je imel nočne obiske. Pri štirinajstih je poskušal storiti samomor, potem ko je vedno čutil »prisotnost« ob sebi.

Na srečanju za osvoboditev so se demoni nasilno manifestirali in kričali: »Vstopili smo k reki! Poklicali so nas po imenu!« Njegovo ime »Malick« je bilo del duhovne tradicije poimenovanja v »čast rečne kraljice«. Dokler ni bil preimenovan v Kristusa, se je mučenje nadaljevalo. Zdaj služi v osvoboditvi med mladimi, ki so ujeti v posvetitvah prednikov.

Kako se to zgodi – Skrite pasti

1. **Inicialke kot zaveze**
   Nekatere inicialke, zlasti tiste, ki so vezane na imena prednikov, družinske bogove ali vodna božstva (npr. »MM« = Mami/Marine; »OL« = Oya/Orisha Lineage), delujejo kot demonski podpisi.
2. **Potopitve dojenčkov v reke/potoke**
   Izvajajo se »za zaščito« ali »čiščenje« in so pogosto **krst v morske duhove**.
3. **Skrivne slovesnosti poimenovanja,**
   pri katerih se pred oltarjem ali svetiščem zašepeta ali izgovori drugo ime (drugačno od javnega).
4. **Rituali z rojstnimi znamenji**
   Olja, pepel ali kri, ki se nanesejo na čelo ali okončine, da se otroka »označi« za duhove.
5. **Pokop popkovine z vodo**
   Popkovine so spustili v reke, potoke ali pokopali z vodnimi uroki – otroka so privezali na vodne oltarje.

Če te starši niso zavezali Kristusu, je verjetno, da si te je kdo drug prisvojil.

Globalne okultne prakse povezovanja maternice

- **Afrika** – Poimenovanje dojenčkov po rečnih božanstvih, zakopavanje vrvic v bližini morskih oltarjev.
- **Karibi/Latinska Amerika** – krstni obredi v santeriji, posvetitve v jorubskem slogu z zelišči in rečnimi predmeti.
- **Azija** – hindujski obredi, ki vključujejo vodo Gangesa, astrološko izračunano poimenovanje, povezano z elementarnimi duhovi.
- **Evropa** – Druidske ali ezoterične tradicije poimenovanja, ki prikličejo varuhe gozdov/vode.
- **Severna Amerika** – posvetitve staroselcev, sodobni blagoslovi otrok v Wicci, obredi poimenovanja v novi dobi, ki prikličejo »starodavne

vodnike«.

Kako naj vem?

- Nepojasnjene muke v zgodnjem otroštvu, bolezni ali "namišljeni prijatelji"
- Sanje o rekah, morskih deklicah, preganjanju z vodo
- Odpor do cerkva, a fascinacija nad mističnimi stvarmi
- Globok občutek "sledenja" ali opazovanja od rojstva
- Odkrivanje drugega imena ali neznane slovesnosti, povezane z vašim otroštvom

Akcijski načrt – Odkupi otroštvo

1. **Vprašajte Svetega Duha** : Kaj se je zgodilo, ko sem se rodil? Katere duhovne roke so se me dotaknile?
2. **Odpovejte se vsem skritim posvetitvam** , četudi so storjene v nevednosti: »Zavračam vsako zavezo, sklenjeno zame, ki ni bila z Gospodom Jezusom Kristusom.«
3. **Prekinite vezi z imeni prednikov, začetnicami in žetoni** .
4. Za izjavo identitete v Kristusu **uporabite Izaija 49:24–26, Pismo Kološanom 2:14 in 2. pismo Korinčanom 5:17.**
5. Po potrebi **izvedite slovesnost ponovne posvetitve** – ponovno se predstavite (ali svoje otroke) Bogu in po potrebi razglasite nova imena.

SKUPINSKA PRIJAVA

- Povabite udeležence, da raziščejo zgodbo svojih imen.
- Ustvarite prostor za duhovno preimenovanje, če je to vodeno – dovolite ljudem, da si prisvojijo imena, kot sta »David«, »Estera«, ali identitete, ki jih vodi duh.
- Vodite skupino v simboličnem *ponovnem krstu* posvetitve – ne

potopitvi v vodo, temveč maziljenju in besedni zavezi s Kristusom.
- Naj starši v molitvi prekršijo zaveze nad svojimi otroki: »Pripadate Jezusu – noben duh, reka ali predniška vez nima nobene zakonite podlage.«

Ključni vpogled
Tvoj začetek je pomemben. Ni pa nujno, da določa tvoj konec. Vsako rečno trditev lahko pretrga reka Jezusove krvi.

Dnevnik refleksije

- Katera imena ali začetnice so mi bile dane in kaj pomenijo?
- Ali so bili ob mojem rojstvu opravljeni skrivni ali kulturni obredi, ki se jim moram odpovedati?
- Sem resnično posvetil svoje življenje – svoje telo, dušo, ime in identiteto – Gospodu Jezusu Kristusu?

Molitev odrešitve

Oče Bog, pred teboj prihajam v Jezusovem imenu. Odpovedujem se vsaki zavezi, posvetitvi in obredu, ki sem ga opravil ob svojem rojstvu. Zavračam vsako poimenovanje, vodno iniciacijo in zahtevek prednikov. Najsi bo to z začetnicami, poimenovanjem ali skritimi oltarji – odpovedujem vsako demonsko pravico do svojega življenja. Zdaj izjavljam, da sem popolnoma tvoj. Moje ime je zapisano v Knjigi življenja. Moja preteklost je prekrita z Jezusovo krvjo in moja identiteta je zapečatena s Svetim Duhom. Amen.

40. DAN: OD DOSTAVLJENEGA DO DOSTAVLJALCA – TVOJA BOLEČINA JE TVOJA POSVEČITEV

>> *Ljudstvo pa, ki pozna svojega Boga, bo močno in bo delalo podvige.«* — Daniel 11:32

»Tedaj je GOSPOD postavil sodnike, ki so jih rešili iz rok teh roparjev.« — Sodniki 2:16

Nisi bil odrešen, da bi tiho sedel v cerkvi.

Nisi bil osvobojen samo zato, da bi preživel. Rešen si bil **, da bi odrešil druge** .

Isti Jezus, ki je v Marku 5 ozdravil obsedenega, ga je poslal nazaj v Dekapolis, da bi povedal zgodbo. Brez semenišča. Brez posvečenja. Samo **goreče pričevanje** in vžgana usta.

Ti si ta moški. Ta ženska. Ta družina. Ta narod.

Bolečina, ki si jo prestal, je zdaj tvoje orožje.

Mučenje, ki si mu ušel, je tvoja trobenta. Kar te je držalo v temi, zdaj postaja **oder tvoje oblasti**.

Resnična zgodba – od morske neveste do osvoboditvenega ministra

Rebeka iz Kameruna je bila nekdanja nevesta morskega duha. Iniciirana je bila pri osmih letih med obalnim obredom poimenovanja. Pri 16 letih je imela spolne odnose v sanjah, z očmi nadzorovala moške in s čarovništvom povzročila več ločitev. Znana je bila kot »lepo prekletstvo«.

Ko je na univerzi srečala evangelij, so njeni demoni ponoreli. Trajalo je šest mesecev posta, osvoboditve in globokega učenca, preden je bila osvobojena.

Danes vodi konference o osvoboditvi za ženske po vsej Afriki. Na tisoče jih je bilo osvobojenih zaradi njene poslušnosti.

Kaj če bi molčala?

Apostolski vzpon – rojevajo se svetovni odrešeniki

- **V Afriki** bivši vrači zdaj ustanavljajo cerkve.
- **V Aziji** bivši budisti oznanjajo Kristusa v skrivnih hišah.
- **V Latinski Ameriki** nekdanji duhovniki santerije zdaj razbijajo oltarje.
- **V Evropi** bivši okultisti vodijo razlagalne biblijske študije na spletu.
- **V Severni Ameriki** preživeli prevar nove dobe vodijo tedenske Zoom forume za odrešitev.

To so **nepričakovani** , zlomljeni, nekdanji sužnji teme, ki zdaj korakajo v svetlobi – in **ti si eden izmed njih** .

Končni akcijski načrt – stopite v stik z nami

1. **Napišite svoje pričevanje** – tudi če se vam zdi, da ni dramatično. Nekdo potrebuje vašo zgodbo o svobodi.
2. **Začnite z majhnimi stvarmi** – molite za prijatelja. Vodite biblijski tečaj. Delite svoj proces osvoboditve.
3. **Nikoli ne nehajte se učiti** – Osvoboditelji ostajajo v Besedi, ostajajo kesani in ostajajo ostri.
4. **Pokrij svojo družino** – Vsak dan razglašaj, da se tema konča s tabo in tvojimi otroki.
5. **Razglasite duhovna vojna območja** – svoje delovno mesto, svoj dom, svojo ulico. Bodite vratar.

Skupinski zagon

Danes ni le pobožnost – to je **slovesnost ob predaji v službo** .

- Pomažite si glave z oljem in recite:

"Izročen si, da izročaš. Vstani, Božji sodnik."

- Na glas izjavite kot skupina:

"Nismo več preživeli. Smo bojevniki. Nosimo svetlobo, tema pa trepeta."

- Določite molitvene pare ali partnerje za odgovornost, da boste še naprej rasli v pogumnosti in vplivu.

Ključni vpogled
Največje maščevanje kraljestvu teme ni le svoboda.
Je množenje.

Dnevnik končne refleksije

- Kdaj sem vedel/a, da sem prestopil/a iz teme v svetlobo?
- Kdo mora slišati mojo zgodbo?
- Kje lahko ta teden začnem namenoma sijati luč?
- Sem pripravljen pustiti, da se mi posmehujejo, da me ne razumejo in da se mi upira – zaradi tega, da bi osvobodil druge?

Molitev za napotitev

Oče Bog, zahvaljujem se ti za 40 dni ognja, svobode in resnice. Nisi me rešil samo zato, da bi me zaščitil – rešil si me, da bi rešil druge. Danes prejemam ta plašč. Moje pričevanje je meč. Moje brazgotine so orožje. Moje molitve so kladiva. Moja poslušnost je čaščenje. Zdaj hodim v Jezusovem imenu – kot netilec ognja , osvoboditelj, nosilec luči. Tvoj sem. Tema nima mesta v meni in okoli mene. Zavzemam svoje mesto. V Jezusovem imenu. Amen.

360° DNEVNA RAZGOVORITEV O OSVOBODITVI IN GOSPODARSTVU – 1. del

» *Nobeno orožje, narejeno zoper tebe, ne bo uspešno, in vsak jezik, ki se bo dvignil zoper tebe na sodbi, boš obsodil. To je dediščina služabnikov Gospodovih ...«* — Izaija 54:17

Danes in vsak dan zavzemam svoj poln položaj v Kristusu – duha, dušo in telo.

Zapiram vsa vrata – znana in neznana – v kraljestvo teme.

Prekinjam vse stike, pogodbe, zaveze ali občestva z zlimi oltarji, duhovi prednikov, duhovnimi zakonci, okultnimi društvi, čarovništvom in demonskimi zavezništvi – s krvjo Jezusa!

Izjavljam, da nisem naprodaj. Nisem dosegljiv/a. Nisem primeren/a za zaposlitev. Nisem ponovno iniciiran/a.

Vsak satanski odpoklic, duhovni nadzor ali zlobni klic – naj bo razpršen z ognjem, v imenu Jezusa!

Zavezujem se Kristusovemu umu, Očetovi volji in glasu Svetega Duha.

Hodim v luči, v resnici, v moči, v čistosti in v namenu.

Zaprl sem vsako tretje oko, psihična vrata in nesveti portal, ki so se odprli skozi sanje, travme, seks, rituale, medije ali lažne nauke.

Naj Božji ogenj požre vsak nezakonit polog v moji duši, v Jezusovem imenu.

Govorim zraku, zemlji, morju, zvezdam in nebu – ne boste delovali proti meni.

Vsak skriti oltar, posrednik, opazovalec ali šepetajoči demon, dodeljen mojemu življenju, družini, poklicu ali ozemlju – naj bo razorožen in utišan z Jezusovo krvjo!

Svoje misli prepuščam Božji besedi.

Izjavljam, da so moje sanje posvečene. Moje misli so zaščitene. Moj spanec je svet. Moje telo je tempelj ognja.

Od tega trenutka naprej hodim v 360-stopinjski osvoboditvi – nič skritega, nič spregledanega.

Vsaka dolgotrajna vezanost se zlomi. Vsak generacijski jarem se razbije. Vsak nepokesani greh je razkrit in očiščen.

Izjavljam:

- **Tema nima oblasti nad mano.**
- **Moj dom je požarno območje.**
- **Moja vrata so zapečatena v slavi.**
- **Živim v poslušnosti in hodim v moči.**

Vstajam kot osvoboditelj svoje generacije.

Ne bom se ozrl nazaj. Ne bom se vrnil. Jaz sem luč. Jaz sem ogenj. Jaz sem svoboden. V Jezusovem mogočnem imenu. Amen!

360° DNEVNA RAZGOVORITEV O OSVOBODITVI IN GOSPODARSTVU – 2. del

Zaščita pred čarovništvom, čarovništvom, nekromanti, mediji in demonskimi kanali

Osvoboditev zase in za druge, ki so pod njihovim vplivom ali suženjstvom

Očiščenje in pokrivanje s krvjo Jezusa

Obnova trdnosti, identitete in svobode v Kristusu

Zaščita in svoboda pred čarovništvom, mediji, nekromanti in duhovnim suženjstvom

(skozi Jezusovo kri in besedo našega pričevanja)

»In premagali so ga z Jagnjetovo krvjo in z besedo svojega pričevanja ...«

— *Razodetje 12:11*

»GOSPOD ... izniči znamenja lažnih prerokov in vedeževalce naredi za norce ... potrdi besedo svojega služabnika in izpolni nasvet svojih poslancev.«

— *Izaija 44:25–26*

»Duh Gospodov je nad menoj ... da oznanim ujetnikom svobodo in zvezanim izpustitev ...«

— *Luka 4:18*

UVODNA MOLITEV:

Oče Bog, danes prihajam pogumno po Jezusovi krvi. Priznavam moč v tvojem imenu in izjavljam, da si samo ti moj odrešenik in zagovornik. Stojim kot tvoj služabnik in priča ter danes s pogumom in avtoriteto oznanjam tvojo besedo.

IZJAVE O ZAŠČITI IN OSVOBODITVI

1. Osvoboditev od čarovništva, medijev, nekromantov in duhovnega vpliva:

- Prekinjam **in se odpovedujem** vsakemu prekletstvu, uroku, vedeževanju, čarovništvu, manipulaciji, spremljanju, astralni projekciji ali vezi z dušo – izgovorjeni ali uprizorjeni – s čarovništvom, nekromanco, mediji ali duhovnimi kanali.
- Izjavljam, da je **Jezusova kri** proti vsakemu nečistemu duhu, ki skuša mene ali mojo družino zvezati, odvrniti, prevarati ali manipulirati.
- Zapovedujem, da se **vsa duhovna vmešavanja, posedovanja, zatiranja ali duše** zdaj prekinejo z avtoriteto v imenu Jezusa Kristusa.
- Govorim o **odrešitvi zase in za vsako osebo, ki je zavestno ali nezavedno pod vplivom čarovništva ali lažne luči**. Pridite zdaj ven! Bodite svobodni, v Jezusovem imenu!
- Kličem Božji ogenj, naj **sežge vsak duhovni jarem, satansko pogodbo in oltar,** postavljen v duhu, da bi zasužnjil ali ujel naše usode.

»Ni čarovništva zoper Jakoba, ni vedeževanja zoper Izraela.« — *4. Mojzesova knjiga 23:23*

2. Čiščenje in zaščita sebe, otrok in družine:

- Prosim Jezusovo kri za svoj **um, dušo, duha, telo, čustva, družino, otroke in delo.**
- Izjavljam: Jaz in moja hiša smo **zapečateni s Svetim Duhom in skriti s Kristusom v Bogu.**
- Nobeno orožje, narejeno proti nam, ne bo uspešno. Vsak jezik, ki govori hudo proti nam, bo **sojen in utišan** v Jezusovem imenu.
- Odpovedujem se in izganjam vsakega **duha strahu, mučenja, zmede, zapeljevanja ali nadzora**.

»Jaz sem GOSPOD, ki uničujem znamenja lažnivcev ...« — *Izaija 44:25*

3. Obnova identitete, namena in zdrave pameti:

- Ponovno prevzemam vsak del svoje duše in identitete, ki je bil **prodan, ujet ali ukraden** zaradi prevare ali duhovnega kompromisa.
- Izjavljam: Imam **Kristusov um** in hodim v jasnosti, modrosti in avtoriteti.
- Izjavljam: **Rešen sem vsakega rodovnega prekletstva in hišnega čarovništva** in hodim v zavezi z Gospodom.

»Bog mi ni dal duha strahu, temveč moči, ljubezni in razumnosti.« — *2 Timoteju 1:7*

4. Dnevno pokrivanje in zmaga v Kristusu:

- Izjavljam: Danes hodim v božji **zaščiti, razsodnosti in miru**.
- Jezusova kri mi govori o **boljših stvareh – o zaščiti, ozdravitvi, avtoriteti in svobodi.**
- Vsaka hudobna naloga, določena za ta dan, je razveljavljena. Hodim v zmagi in zmagoslavju v Kristusu Jezusu.

»Tisoč jih lahko pade ob moji strani in deset tisoč na moji desnici, a se mi ne bodo približali ...« — *Psalm 91:7*

KONČNA IZJAVA IN PRIČEVANJE:

»Premagam vsako obliko teme, čarovništva, nekromancije, čaranja, psihične manipulacije, spreminjanja duš in zlobnega duhovnega prenosa – ne s svojo močjo, temveč **s krvjo Jezusa in besedo svojega pričevanja**.«

„Izjavljam: **Rešen sem. Moja družina je rešena.** Vsak skriti jarem je zlomljen. Vsaka past je razkrita. Vsaka lažna luč je ugasnila. Hodim v svobodi. Hodim v resnici. Hodim v moči Svetega Duha."

»Gospod potrjuje besedo svojega služabnika in izpolnjuje nasvet svojega poslanca. Tako naj bo danes in vsak dan pozneje.«

V Jezusovem mogočnem imenu, **amen.**

SVETOPISNI ODTISKI:

- Izaija 44:24–26
- Razodetje 12:11
- Izaija 54:17
- Psalm 91

- Numeri 23:23
- Luka 4:18
- Efežanom 6:10–18
- Kološanom 3:3
- 2 Timoteju 1:7

360° DNEVNA RAZGOVORITEV O OSVOBODITVI IN GOSPODARSTVU - 3. del

>> *Gospod je mož bojevit, Gospod je njegovo ime.«* — Druga Mojzesova knjiga 15:3

»Premagali so ga z Jagnjetovo krvjo in z besedo svojega pričevanja ...« — Razodetje 12:11

Danes vstajam in zasedam svoje mesto v Kristusu – sedim v nebeških prostorih, daleč nad vsemi poglavarstvi, oblastmi, prestoli, gospostvi in vsakim imenom, ki se imenuje.

ODPOVEDAM SE

Odpovedujem se vsaki znani in neznani zavezi, prisegi ali iniciaciji:

- Prostozidarstvo (od 1. do 33. stopnje)
- Kabala in judovski misticizem
- Vzhodna zvezda in rožni križarji
- Jezuitski redovi in iluminati
- Satanske bratovščine in luciferske sekte
- Morski duhovi in podvodne zaveze
- Kundalini kače, poravnave čaker in aktivacije tretjega očesa
- Prevara nove dobe, reiki, krščanska joga in astralna potovanja
- Čarovništvo, čarovništvo, nekromancija in astralne pogodbe
- Okultne duhovne vezi iz seksa, ritualov in skrivnih paktov
- Prostozidarske prisege nad mojo krvno linijo in predniškim duhovništvom

Prerežem vsako duhovno popkovino, da bi:

- Starodavni krvni oltarji
- Lažni preroški ogenj
- Duhovni zakonci in vsiljivci sanj
- Sveta geometrija, svetlobne kode in doktrine univerzalnega zakona
- Lažni kristjani, zavajajoči duhovi in ponarejeni sveti duhovi

Naj Jezusova kri spregovori v mojem imenu. Naj se vsaka pogodba raztrga. Naj se vsak oltar razbije. Naj se vsaka demonska identiteta izbriše – zdaj!

IZJAVLJAM
Izjavljam:

- Moje telo je živi tempelj Svetega Duha.
- Moj um varuje čelada odrešenja.
- Moja duša je vsak dan posvečena z umivanjem Besede.
- Mojo kri očiščuje Kalvarija.
- Moje sanje so zapečatene v svetlobi.
- Moje ime je zapisano v Jagnjetovi knjigi življenja – ne v nobenem okultnem registru, loži, dnevniku, zvitku ali pečatu!

UKAŽEM
Ukazujem:

- Vsakega agenta teme – opazovalca, monitorja, astralnega projektorja – je treba oslepiti in razkropiti.
- Vsaka vez s podzemljem, morskim svetom in astralno ravnino – bodi pretrgana!
- Vsako temno znamenje, vsadek, ritualna rana ali duhovni žig – naj bo očiščeno z ognjem!
- Vsak znani duh, ki šepeta laži – utišajte ga zdaj!

IZKLOPIM SE
Odvajam se od:

- Vse demonske časovnice, zapori za duše in kletke za duhove
- Vse uvrstitve in stopnje tajnih društev

- Vsi lažni plašči, prestoli ali krone, ki sem jih nosil
- Vsaka identiteta, ki je ni ustvaril Bog
- Vsako zavezništvo, prijateljstvo ali odnos, ki ga krepijo temni sistemi

USTANOVLJAM
Ugotavljam:

- Požarni zid slave okoli mene in mojega gospodinjstva
- Sveti angeli na vsakih vratih, portalih, oknih in potih
- Čistost v mojih medijih, glasbi, spominih in mislih
- Resnica v mojih prijateljstvih, duhovniški službi, zakonu in poslanstvu
- Neprekinjeno občestvo s Svetim Duhom

ODDAJAM
Popolnoma se podrejam Jezusu Kristusu –
Jagnjetu, ki je bilo zaklano, Kralju, ki vlada, Levu, ki rjove.
Izberem luč. Izberem resnico. Izberem poslušnost.
Ne pripadam temnim kraljestvom tega sveta, temveč
kraljestvu našega Boga in njegovega Kristusa.
OPOZARJAM SOVRAŽNIKA
S to izjavo obveščam:

- Vsaka visoko rangirana kneževina
- Vsak vladajoči duh nad mesti, krvnimi linijami in narodi
- Vsak astralni popotnik, čarovnica, čarovnik ali padla zvezda ...

Sem nedotakljiva lastnina.

Moje ime ni v tvojih arhivih. Moja duša ni naprodaj. Moje sanje so pod nadzorom. Moje telo ni tvoj tempelj. Moja prihodnost ni tvoje igrišče. Ne bom se vrnil v suženjstvo. Ne bom ponavljal ciklov prednikov. Ne bom nosil tujega ognja. Ne bom počivališče za kače.

PEČAT

To izjavo zapečatim z:

- Jezusova kri
- Ogenj Svetega Duha
- Avtoriteta Besede
- Enotnost Kristusovega telesa
- Zvok mojega pričevanja

V Jezusovem imenu, amen in amen

ZAKLJUČEK: OD PREŽIVETJA DO SINOVSTVA – OSTATI SVOBODN, ŽIVETI SVOBODNO, OSVOBODITI DRUGE

>> *Ostanite torej trdno v svobodi, s katero vas je Kristus osvobodil, in se ne dajte spet vpreči v jarem suženjstva.«* — Galačanom 5:1

»*Izpeljal jih je iz teme in sence smrti ter jim zlomil verige.*« — Psalm 107:14

Teh 40 dni ni bilo nikoli samo o znanju. Šlo je za **vojskovanje**, **prebujenje** in **hojo v oblasti**.

Videli ste, kako deluje temno kraljestvo – subtilno, generacijsko, včasih odkrito. Potovali ste skozi vrata prednikov, sanjska kraljestva, okultne pakte, globalne rituale in duhovne muke. Srečali ste se s pričevanji nepredstavljive bolečine – a tudi **radikalne osvoboditve**. Razbili ste oltarje, se odpovedali lažem in se soočili s stvarmi, ki se jih mnogi pridigarji preveč bojijo poimenovati.

AMPAK TO ŠE NI KONEC.

Zdaj se začne prava pot: **Ohranjanje svobode. Življenje v Duhu. Učenje drugih o izhodu.**

Lahko je preživeti 40 dni ognja in se vrniti v Egipt. Lahko je porušiti oltarje, le da bi jih nato v osamljenosti, poželenju ali duhovni utrujenosti ponovno zgradili.

Ne.

Nisi več **suženj ciklov**. Si **čuvaj** na zidu. **Vratar** za svojo družino. **Bojevnik** za svoje mesto. **Glas** narodom.

7 ZADNJIH OBTOŽB ZA TISTE, KI BODO HODILI V GOSPODARSTVU

1. **Varujte svoja vrata.**

Ne odpirajte duhovnih vrat s kompromisi, uporom, odnosi ali radovednostjo.
»*Ne dajajte prostora hudiču.*« — Efežanom 4:27

2. **Disciplinirajte svoj apetit**
   Post bi moral biti del vašega mesečnega ritma. Ponovno usklajuje dušo in ohranja vaše meso podrejeno.
3. **Zavežite se čistosti**
   čustveni, spolni, verbalni, vizualni. Nečistost je vrata številka ena, ki jih demoni uporabljajo, da se priplazijo nazaj.
4. **Obvladajte Besedo**
   Sveto pismo ni neobvezno. Je vaš meč, ščit in vsakdanji kruh. »*Naj beseda Kristusova prebiva v vas v izobilju ...*« (Kol 3,16)
5. **Poiščite svoje pleme.**
   Odrešitev ni bila nikoli namenjena samostojni prehodi. Gradite, služite in zdravite v skupnosti, napolnjeni z Duhom.
6. **Sprejmite trpljenje**
   Da – trpljenje. Niso vse muke demonske. Nekatere so posvečujoče. Hodite skoznje. Slava je pred vami.
   »*Ko boste malo trpeli ... vas bo okrepil, utrdil in postavil na noge.*« — 1 Peter 5:10
7. **Učite druge**
   . Zastonj ste prejeli – zdaj zastonj dajajte. Pomagajte drugim, da se osvobodijo. Začnite pri svojem domu, svojem krogu, svoji cerkvi.

OD IZROČENEGA DO UČENCA

Ta pobožnost je globalni klic – ne le k ozdravitvi, ampak k dvigu vojske.
je **za pastirje** , ki zavohajo vojno. Čas
je **za preroke** , ki se ne ustrašijo kač. Čas
je **za matere in očete** , ki prelomijo generacijske zaveze in zgradijo oltarje resnice. Čas
je **, da narode** opozorimo in da Cerkev ne bo več tiho.

TI SI RAZLIKA

Pomembno je, kam greš od tu naprej. Pomembno je, kaj nosiš s seboj. Tema, iz katere si bil potegnjen, je prav tisto ozemlje, nad katerim imaš zdaj oblast.

Osvoboditev je bila tvoja rojstna pravica. Vladavina je tvoj plašč. Zdaj pa hodi vanj.

ZADNJA MOLITEV

Gospod Jezus, hvala ti, ker si hodil z mano teh 40 dni. Hvala ti, ker si razkril temo, pretrgal verige in me poklical na višji položaj. Nočem se vrniti. Vsak dogovor prelomim s strahom, dvomom in neuspehom. Svojo kraljestveno nalogo sprejemam z drznostjo. Uporabi me, da osvobodim druge. Vsak dan me napolni s Svetim Duhom. Naj moje življenje postane orožje luči – v moji družini, v mojem narodu, v Kristusovem telesu. Ne bom tiho. Ne bom poražen. Ne bom odnehal. Hodim iz teme v gospostvo. Za vedno. V Jezusovem imenu. Amen.

Kako se ponovno roditi in začeti novo življenje s Kristusom

Morda si že prej hodil z Jezusom ali pa si ga morda srečal šele v teh 40 dneh. Toda prav zdaj se nekaj v tebi prebuja.

Pripravljen si na več kot le vero.

Pripravljen si na **odnos**.

Pripravljen si reči: "Jezus, potrebujem te."

Tukaj je resnica:

»*Vsi so namreč grešili, vsi smo nedosegljivi Božje slave ... vendar nas Bog po svoji milosti opravičuje pred svojim obličjem.*«

— Rimljanom 3:23–24 (NLT)

Odrešenja si ne moreš zaslužiti.

Ne moreš se popraviti. Toda Jezus je že plačal polno ceno – in čaka, da te sprejme domov.

Kako se ponovno roditi

BITI PONOVNO ROJEN pomeni predati svoje življenje Jezusu – sprejeti njegovo odpuščanje, verjeti, da je umrl in vstal od mrtvih, in ga sprejeti kot svojega Gospoda in Odrešenika.

Preprosto je. Močno je. Spremeni vse.

Molite na glas:

„GOSPOD JEZUS, VERUJEM, da si Božji Sin.

Verjamem, da si umrl za moje grehe in vstal od mrtvih.

Priznam, da sem grešil in potrebujem tvoje odpuščanje.

Danes se pokesam in odvrnem od svojih starih poti.

Vabim te v svoje življenje, da postaneš moj Gospod in Odrešenik.

Umij me do čistega. Napolni me s svojim Duhom.

Izjavljam, da sem ponovno rojen, odpuščen in svoboden.
Od tega dne naprej ti bom sledil –
in živel bom po tvojih stopinjah.
Hvala ti, ker si me rešil. V Jezusovem imenu, amen."

Naslednji koraki po odrešitvi

1. **Povejte nekomu** – Delite svojo odločitev z vernikom, ki mu zaupate.
2. **Poiščite cerkev, ki temelji na Svetem pismu** – Pridružite se skupnosti, ki uči Božjo besedo in jo živi. Obiščite spletno stran God's Eagle ministries prek https://www.otakada.org [1] ali https://chat.whatsapp.com/H67spSun32DDTma8TLh0ov .[2]
3. **Krstite se** – Naredite naslednji korak in javno izpovedite svojo vero.
4. **Vsak dan berite Sveto pismo** – začnite z Janezovim evangelijem.
5. **Molite vsak dan** – pogovarjajte se z Bogom kot s prijateljem in Očetom.
6. **Ostanite povezani** – Obkrožite se z ljudmi, ki spodbujajo vašo novo pot.
7. **Začnite proces učeništva znotraj skupnosti** – Razvijte individualni odnos z Jezusom Kristusom prek teh povezav

40-dnevno učenstvo 1 - https://www.otakada.org/get-free-40-days-online-discipleship-course-in-a-journey-with-jesus/

40 Učenstvo 2 - https://www.otakada.org/get-free-40-days-dna-of-discipleship-journey-with-jesus-series-2/

---

1. https://www.otakada.org
2. https://chat.whatsapp.com/H67spSun32DDTma8TLh0ov

Moj trenutek odrešenja

D atum : _____
     Podpis : _____

»*Če je kdo v Kristusu, je nova stvaritev; staro je minilo, novo je nastalo!*«
— 2 Korinčanom 5:17

Potrdilo o novem življenju v Kristusu

Izjava o odrešenju – Ponovno rojen po milosti

To potrjuje, da

_____

(POLNO IME)

    javno je izpovedal **vero v Jezusa Kristusa**
kot Gospoda in Odrešenika ter prejel dar odrešenja po njegovi smrti in vstajenju.

    »*Če odkrito izpoveduješ, da je Jezus Gospod, in v svojem srcu verjameš, da ga je Bog obudil od mrtvih, boš rešen.*«
    — Rimljanom 10:9 (NLT)
    Na ta dan se nebo veseli in začne se nova pot.

Datum odločitve : _____

Podpis : _____

Izjava o odrešenju

»DANES SVOJE ŽIVLJENJE predajam Jezusu Kristusu.

    Verjamem, da je umrl za moje grehe in vstal od mrtvih. Sprejemam ga kot svojega Gospoda in Odrešenika. Odpuščeno mi je, ponovno sem rojen in prenovljen. Od tega trenutka naprej bom hodil po njegovih stopinjah.«

Dobrodošli v Božji družini!

TVOJE IME JE ZAPISANO v Jagnjetovi knjigi življenja.
    Tvoja zgodba se šele začenja – in je večna.

POVEŽITE SE Z BOŽJIMI SLUŽBAMI EAGLE

- Spletna stran: www.otakada.org[1]
- Serija Bogastvo onkraj skrbi: www.wealthbeyondworryseries.com[2]
- E-pošta: ambassador@otakada.org

- **Podprite to delo:**

Podprite projekte kraljestva, misije in brezplačne globalne vire z dajanjem, ki ga vodijo zaveze.

Skenirajte QR kodo za donacijo
https://tithe.ly/give?c=308311
Vaša velikodušnost nam pomaga doseči več duš, prevajati vire, podpirati misijonarje in graditi sisteme učencev po vsem svetu. Hvala vam!

Give in the Spirit of Luke 6:38

---

1. https://www.otakada.org
2. https://www.wealthbeyondworryseries.com

3. PRIDRUŽITE SE NAŠI skupnosti WhatsApp Covenant
Prejemajte posodobitve, vsebine o vernikih in se povežite z verniki, ki so osredotočeni na zaveze, po vsem svetu.
Skeniraj za pridružitev
https://chat.whatsapp.com/H67spSun32DDTma8TLh0ov

PRIPOROČENE KNJIGE IN VIRI

- *Rešena iz moči teme* (broširana izdaja) — Kupite tukaj [1] | E-knjiga [2] na Amazonu [3]

- **Najboljše ocene iz Združenih držav Amerike:**
  - **Stranka Kindle** : »Najboljše krščansko branje doslej!« (5 zvezdic)

---

1. https://shop.ingramspark.com/b/084?params=oeYbAkVTC5ao8PfdVdzwko7wi6IQimgJY2779NaqG4e
2. https://www.amazon.com/Delivered-Power-Darkness-AFRICAN-DELIVERED-ebook/dp/B0CC5MM4MV
3. https://www.amazon.com/Delivered-Power-Darkness-AFRICAN-DELIVERED-ebook/dp/B0CC5MM4MV

HVALA JEZUSU ZA TO pričevanje. Bil sem tako blagoslovljen in bi vsem priporočil, da preberejo to knjigo ... Kajti plačilo za greh je smrt, Božji dar pa je večno življenje. Šalom! Šalom!

- **Da Gster** : »To je zelo zanimiva in precej nenavadna knjiga.« (5 zvezdic)

Če je to, kar piše v knjigi, res, potem resnično zaostajamo za tem, kar je sovražnik sposoben storiti! ... Obvezna knjiga za vse, ki se želijo učiti o duhovnem bojevanju.

- **Visa** : "Obožujem to knjigo" (5 zvezdic)

To mi je odprlo oči ... resnična izpoved ... Zadnje čase ga povsod iščem, da bi ga kupil. Tako sem vesel, da sem ga dobil na Amazonu.

- **FrankJM** : "Precej drugače" (4 zvezdice)

Ta knjiga me spominja, kako resničen je duhovni boj. Prav tako me spominja na razlog, zakaj si nadeti "polno Božjo bojno opremo".

- **JenJen** : "Vsi, ki želite v nebesa - preberite to!" (5 zvezdic)

Ta knjiga mi je tako zelo spremenila življenje. Skupaj s pričevanjem Johna Ramireza vas bo spodbudila, da boste na svojo vero pogledali drugače. Prebral sem jo že šestkrat!

- *Bivši satanist: Izmenjava Jamesa* (broširana izdaja) — Kupite tukaj [4] | E-knjiga [5] na Amazonu [6]

---

4. https://shop.ingramspark.com/b/
084?params=I2HNGtbqJRbal8OxU3RMTApQsLLxcUCTC8zUdzDy0W1

5. https://www.amazon.com/JAMESES-Exchange-Testimony-High-Ranking-Encounters-ebook/dp/
B0DJP14JLH

6. https://www.amazon.com/JAMESES-Exchange-Testimony-High-Ranking-Encounters-ebook/dp/
B0DJP14JLH

- ***PRIČEVANJE BIVŠEGA AFRIŠKEGA SATANISTA*** - *Pastor JONAS LUKUNTU MPALA* (Mehka vezava) — Kupite tukaj [7] | E-knjiga [8] na Amazonu [9]

- *Greater Exploits 14* (Mehka vezava) — Kupite tukaj [10] | E-knjiga [11] na Amazonu [12]

---

7. https://shop.ingramspark.com/b/ 084?params=0Aj9Sze4cYoLM5OqWrD20kgknXQQqO5AZYXcWtoMqWN

8. https://www.amazon.com/TESTIMONY-African-EX-SATANIST-Pastor-Jonas-ebook/dp/B0DJDLFKNR

9. https://www.amazon.com/TESTIMONY-African-EX-SATANIST-Pastor-Jonas-ebook/dp/B0DJDLFKNR

10. https://shop.ingramspark.com/b/084?params=772LXinQn9nCWcgq572PDsqPjkTJmpgSqrp88b0qzKb

11. https://www.amazon.com/Greater-Exploits-MYSTERIOUS-Strategies-Countermeasures-ebook/dp/B0CGHYPZ8V

12. https://www.amazon.com/Greater-Exploits-MYSTERIOUS-Strategies-Countermeasures-ebook/dp/B0CGHYPZ8V

- *Iz hudičevega kotla* avtorja Johna Ramireza – na voljo na Amazonu[13]
- *Prišel je osvobodit ujetnike,* avtorica Rebecca Brown – Poiščite na Amazonu[14]

Druge knjige, ki jih je izdal avtor – več kot 500 naslovov
Ljubljeni, izbrani in celi : 30-dnevno potovanje od zavrnitve do **obnove,** prevedeno v 40 jezikov sveta
https://www.amazon.com/Loved-Chosen-Whole-Rejection-Restoration-ebook/dp/B0F9VSD8WL
https://shop.ingramspark.com/b/084?params=xga0WR16muFUwCoeMUBHQ6HwYjddLGpugQHb3DVa5hE

---

13. https://www.amazon.com/Out-Devils-Cauldron-John-Ramirez/dp/0985604306
14. https://www.amazon.com/He-Came-Set-Captives-Free/dp/0883683239

**Po njegovih stopinjah – 40-dnevni izziv WWJD:
Živeti kot Jezus v resničnih zgodbah po svetu**

https://www.amazon.com/His-Steps-Challenge-Real-Life-Stories-ebook/dp/B0FCYTL5MG

https://shop.ingramspark.com/b/084?params=DuNTWS59IbkvSKtGFbCbEFdv3Zg0FaiTUEvlK49yLzB[15]

---

[15]. https://shop.ingramspark.com/b/084?params=DuNTWS59IbkvSKtGFbCbEFdv3Zg0FaITUEvlK49yLzB

JEZUS NA VRATIH:
40 srce parajočih zgodb in nebeško zadnje opozorilo današnjim cerkvam
https://www.amazon.com/dp/B0FDX31L9F
https://shop.ingramspark.com/b/084?params=TpdA5j8WPvw83glJ12N1B3nf8LQte2a1lIEy32bHcGg

ŽIVLJENJE V ZAVEZI: 40 dni hoje v blagoslovu iz Devteronomija 28

- https://www.amazon.com/dp/B0FFJCLDB5

Zgodbe resničnih ljudi, resnične poslušnosti in resničnega
https://shop.ingramspark.com/b/
084?params=bH3pzfz1zdCOLpbs7tZYJNYgGcYfU32VMz3J3a4e2Qt

Preobrazba v več kot 20 jezikih

POZNAVANJE NJE IN POZNAVANJE NJEGA:
40 dni do ozdravitve, razumevanja in trajne ljubezni

HTTPS://WWW.AMAZON.com/KNOWING-HER-HIM-Healing-Understanding-ebook/dp/B0FGC4V3D9[16]

https://shop.ingramspark.com/b/084?params=vC6KCLoI7Nnum24BVmBtSme9i6k59p3oynaZOY4B9Rd

DOPOLNI, NE TEKMUJ:
40-dnevna pot do smisla, enotnosti in sodelovanja

---

16. https://www.amazon.com/KNOWING-HER-HIM-Healing-Understanding-ebook/dp/B0FGC4V3D9

HTTPS://SHOP.INGRAMSPARK.com/b/
084?params=5E4v1tHgeTqOOuEtfTYUzZDzLyXLee30cqYo0Ov9941[17]
https://www.amazon.com/COMPLETE-NOT-COMPETE-Journey-Collaboration-ebook/dp/B0FGGL1XSQ/

BOŽANSKA KODA ZDRAVJA - 40 dnevnih ključev za aktiviranje zdravljenja skozi Božjo besedo in stvarstvo. Odklenite zdravilno moč rastlin, molitve in preroškega delovanja.

---

17. https://shop.ingramspark.com/b/084?params=5E4v1tHgeTqOOuEtfTYUzZDzLyXLee30cqYo0Ov9941

https://shop.ingramspark.com/b/
084?params=xkZMrYcEHnrJDhe1wuHHYixZDViiArCeJ6PbNMTbTux
https://www.amazon.com/dp/B0FHJT42TK

DRUGE KNJIGE NAJDETE na avtorjevi strani
https://www.amazon.com/stores/Ambassador-Monday-O.-Ogbe/author/B07MSBPFNX

DODATEK (1–6): VIRI ZA OHRANJANJE SVOBODE IN GLOBLJE OSVOBODITVE

DODATEK 1: Molitev za prepoznavanje skritega čarovništva, okultnih praks ali nenavadnih oltarjev v cerkvi

» *Sin človekov, ali vidiš, kaj počnejo v temi…?*« — Ezekiel 8:12
»*In ne sodelujte pri nerodovitni temi, ampak jo raje razkrinkajte.*« — Efežanom 5:11

Molitev za razločevanje in razkritje:

Gospod Jezus, odpri moje oči, da vidim, kar vidiš Ti. Naj se razkrije vsak čuden ogenj, vsak skrivni oltar, vsaka okultna operacija, ki se skriva za prižnicami, klopmi ali praksami. Odstrani tančice. Razkrij malikovanje, prikrito kot čaščenje, manipulacijo, prikrito kot prerokba, in perverznost, prikrito kot milost. Očisti mojo lokalno skupščino. Če sem del ogrožene skupnosti, me vodi na varno. Postavi čiste oltarje. Očisti roke. Sveta srca. V Jezusovem imenu. Amen.

DODATEK 2: Protokol o odpovedi in čiščenju medijev

Pred svoje oči ne bom postavil nobene hudobne stvari ...« — Psalm 101:3

» **Koraki za čiščenje medijskega življenja:**

1. **Preglejte** vse: filme, glasbo, igre, knjige, platforme.
2. **Vprašaj:** Ali to slavi Boga? Ali odpira vrata temi (npr. grozljivkam, poželenju, čarovništvu, nasilju ali temam nove dobe)?
3. **Odpoved** :

»Odpovedujem se vsakemu demonskemu portalu, ki se odpre prek brezbožnih medijev. Svojo dušo odklapljam od vseh duhovnih vezi z zvezdniki, ustvarjalci, liki in zgodbami, ki jih je opolnomočil sovražnik.«

1. **Izbriši in uniči** : Fizično in digitalno odstrani vsebino.
2. **Zamenjajte** z bogaboječimi alternativami – čaščenjem, nauki, pričevanji, zdravimi filmi.

DODATEK 3: Prostozidarstvo, Kabala, Kundalini, Čarovništvo, Skript okultne odpovedi

Ne udeležujte se jalovih del teme ... « — Efežanom 5:11

 Reci na glas:

V imenu Jezusa Kristusa se odpovedujem vsaki prisegi, obredu, simbolu in iniciaciji v katero koli tajno društvo ali okultni red – zavestno ali nezavedno. Zavračam vse vezi z:

- **Prostozidarstvo** – Vse stopnje, simboli, krvne prisege, prekletstva in malikovanje.
- **Kabala** – judovski misticizem, branje Zoharja, invokacije drevesa življenja ali angelska magija.
- **Kundalini** – odpiranje tretjega očesa, prebujenja joge, kačji ogenj in poravnave čaker.
- **Čarovništvo in nova doba** – astrologija, tarot, kristali, lunini rituali, potovanje duše, reiki, bela ali črna magija.
- **Rožnokrižarji**, iluminati, cerkev Lobanja in kosti, jezuitske prisege, druidski redovi, satanizem, spiritizem, santerija, vudu, wicca, telema, gnosticizem, egipčanske misterije, babilonski obredi.

Razveljavljam vsako zavezo, sklenjeno v mojem imenu. Prekinjam vse vezi v svoji krvni liniji, v svojih sanjah ali prek duhovnih vezi. Gospodu Jezusu Kristusu predajam svoje celotno bitje – duha, dušo in telo. Naj se vsak demonski portal trajno zapre s krvjo Jagnjeta. Naj se moje ime očisti vsakega temnega registra. Amen.

DODATEK 4: Vodnik za aktivacijo mazilnega olja

> *Ali je kdo med vami trpeč? Naj moli. Ali je kdo med vami bolan? Naj pokličejo starešine ... in naj ga mazilijo z oljem v Gospodovem imenu.«* — Jakob 5:13–14

Kako uporabljati mazilno olje za osvoboditev in prevlado:

- **Čelo** : Obnova uma.
- **Ušesa** : Razločevanje Božjega glasu.
- **Trebuh** : Čiščenje sedeža čustev in duha.
- **Stopala** : Hoja v božansko usodo.
- **Vrata/Okna** : Zapiranje duhovnih vrat in čiščenje domov.

Izjava med maziljenjem:

»Posvečujem ta prostor in posodo z oljem Svetega Duha. Noben demon nima zakonitega dostopa sem. Naj Gospodova slava prebiva na tem kraju.«

DODATEK 5: Odpoved tretjemu očesu in nadnaravnemu vidu iz okultnih virov

Reci na glas:

„V imenu Jezusa Kristusa se odpovedujem vsakemu odpiranju svojega tretjega očesa – bodisi s travmo, jogo, astralnim potovanjem, psihedeliki ali duhovno manipulacijo. Prosim te, Gospod, da zapreš vse nezakonite portale in jih zapečatiš z Jezusovo krvjo. Osvobajam vsako vizijo, vpogled ali nadnaravno sposobnost, ki ni prišla od Svetega Duha. Naj bo vsak demonski opazovalec, astralni projektor ali entiteta, ki me spremlja, oslepljen in zvezan v Jezusovem imenu. Izberem čistost pred močjo, intimnost pred vpogledom. Amen."

DODATEK 6: Video viri s pričevanji za duhovno rast

1) začnite od 1,5 minute - https://www.youtube.com/watch?v=CbFRdraValc

2) https://youtu.be/b6WBHAcwN0k?si=ZUPHzhDVnn1PPIEG
3) https://youtu.be/XvcqdbEIO1M?si=GBlXg-cO-7f09cR[1]
4) https://youtu.be/jSm4r5oEKjE?si=1Z0CPgA33S0Mfvyt
5) https://youtu.be/B2VYQ2-5CQ8?si=9MPNQuA2f2rNtNMH
6) https://youtu.be/MxY2gJzYO-U?si=tr6EMQ6kcKyjkYRs
7) https://youtu.be/ZW0dJAsfJD8?si=Dz0b44I53W_Fz73A
8) https://youtu.be/q6_xMzsj_WA?si=ZTotYKo6Xax9nCWK
9) https://youtu.be/c2ioRBNriG8?si=JDwXwxhe3jZlej1U
10) https://youtu.be/8PqGMMtbAyo?si=UqK_S_hiyJ7rEGz1
11) https://youtu.be/rJXu4RkqvHQ?si=yaRAA_6KIxjm0eOX
12) https://youtu.be/nS_Insp7i_Y?si=ASKLVs6iYdZToLKH
13) https://youtu.be/-EU83j_eXac?si=-jG4StQOw7S0aNaL
14) https://youtu.be/_r4Jyzs2EDk?si=tldAtKOB_3-J_j_C
15) https://youtu.be/KiiUPLaV7xQ?si=I4x7aVmbgbrtXF_S
16) https://youtu.be/68m037cPEu0?si=XpuyyEzGfK1qWYRt
17) https://youtu.be/z4zlp9_aRQg?si=DR3lDYTt632E96a6
18) https://youtube.com/shorts/H_90n-QZU5Q?si=uLPScVXm81DqU6ds

---

1. https://youtu.be/XvcqdbEIO1M?si=GBlXg-c-O-7f09cR

ZADNJE OPOZORILO: S tem se ne moreš igrati

O svoboditev ni zabava. To je vojna.
Odpoved brez kesanja je le hrup. Radovednost ni isto kot klicanje. So stvari, od katerih si ne opomoreš kar tako.

Zato preštejte stroške. Hodite v čistosti. Varujte svoja vrata.

Ker demoni ne spoštujejo hrupa – samo avtoritete.

www.ingramcontent.com/pod-product-compliance
Lightning Source LLC
Chambersburg PA
CBHW050340010526
44119CB00049B/627